明治維新 血の最前戦

土方歳三 長州と最後まで戦った男

星亮一
Ryoichi Hoshi

さくら舎

はじめに

明治維新という暴力革命に義憤を感じ、最後の最後まで戦い抜いた男たちがいた。

会津藩主松平容保《まつだいらかたもり》であり、旧幕府海軍副総裁榎本武揚《えのもとたけあき》、陸軍歩兵奉行大鳥圭介《おおとりけいすけ》、そして新選組副長土《ひじ》方《かた》歳三《としぞう》であった。彼らは一致団結して、薩長の官軍と死闘を演じた。土方は黒髪をなびかせ、いつも最前線で戦った。

幕末、最もだらしがない人物、それは誰あろう将軍慶喜《よしのぶ》であった。西郷や大久保に恐れをなし、松平容保を連れて、ひそかに江戸に逃げ帰り、これで幕府は瓦解した。

近藤勇《こんどういさみ》も戦意喪失、命を落としたが、土方は宇都宮から会津に駆け付け、会津が包囲されるや、仙台に入港した榎本武揚に援軍を要請した。しかし、時すでに遅く会津は落城。土方は同志とともに仙台から蝦《え》夷《ぞ》地《ち》に渡り、明治新政府軍と戦いを続けた。

土方は、いつも命がけで戦う剣士であった。

二股峠の戦いでは、敵を釘付けにし、敵将黒田清隆《くろだきよたか》をうならせた。北方四島、樺太《からふと》を含めて北の世界に新たな日本を築かんとした榎本武揚の夢は、虎の子の軍艦開陽丸《かいようまる》の遭難で挫折、蝦夷島政権は瓦解したが、もし土方が明治の世に生きていたら、どうだったか。

ある人は自由民権運動の壮士になったといい、ある人は、語り部として日々、引っ張りだこだったろうという。しかし、土方はそれを望まなかった。

剣士として生き、剣士として蝦夷地の露と消えた。そこに土方の男の美学があった。

明治維新の動乱は、長州のテロリスト軍団が、京都を制圧せんと地下活動を起こし、これを新選組が探知し、池田屋に集合したテロリストを殲滅したあの斬りあいが、幕開けだった。

この本は土方歳三を軸に京都の動乱、幕府の倒壊、その後に起こった会津戦争、箱館戦争を、つまり幕末から明治維新の最前戦を描いた血の戦いのドラマである。

◆目次　明治維新　血の最前戦
——土方歳三　長州と最後まで戦った男

明治維新　血の最前戦

——土方歳三　長州と最後まで戦った男

第一章　池田屋事件の衝撃

暗中飛躍

文久三年（一八六三）は危機のうちにすぎて、明ければ四年の春。これが三月朔日《さくじつ》に改元があって、「元治《げんじ》」となる。

去年八月、八・一八の政変で京を追われた長州藩は、幕府の命に叛《そむ》いて、「冤《えん》を闕下《けっか》に雪《そそ》ぐ」

といって、兵を率いて頻《しき》りに入京の機会をねらっていた。

三条小橋

新選組の探知能力は一般に言われている壬生浪《みぶろ》という概念をはるかに超えていた。

元治元年（一八六四）四月二十二日、四条河原下ル辺で火事があった。このとき、二人の武士が往来の邪魔になったので、新選組が捕えようとするとひとりが逃亡した。残ったひとりを糾問《きゅうもん》したところ、長州屋敷の門番と分かった。

しかし、刀や衣服などが門番には不似合いであったため拷問《ごうもん》にかけたところ、長州人が京都に二百五十人ほど入り込んでいることを自白した。

近藤勇《こんどういさみ》と土方歳三《ひじかたとしぞう》は、驚いた。

さらに探索を進めた結果、京の三条小橋、河原町東入ル北側に旅館池田屋惣兵衛というのがある。長州の藩士をはじめ、諸国脱藩の浪士達が頻りに出入りするという情報が入った。

すぐに、偵察を出していろいろ調べてみるが、相手も余程注意深くやっていると見えて、なかなか尻尾《しっぽ》をつかめない。

そこで山崎烝《やまざきすすむ》が薬の行商人に化け、大坂の船宿の紹介状を貰って、池田屋へもぐりこんだ。

山崎は二条の薬問屋へ行って、沢山の薬種を仕入れて運び込ませ、頻りに薬屋と大小の取引をしているので、まさか新選組とは気付かれない。

京都所司代もここをマークしていた。桑名藩の足軽で、渡辺幸右衛門という男が、乞食に化けて、その以前から毎夜、池田屋の軒下に寝て探索していた。

芸が細かかった。

一方、四条寺町で古道具と馬具とを売っている桝屋喜右衛門《ますやきえもん》という人物が、どうも怪しいことが分かった。

桂小五郎《かつらこごろう》は橋の下に潜んで情報をとったというが、お互い似たようなことをしていた。

会津藩にはもう一つ秘密の情報ルートがあった。小鉄一家である。

会津小鉄

会津藩はこの時期、練兵場や京都守護職屋敷、会津藩邸の工事で、大勢の職人、人足をかかえていた。

作事奉行は公用人の外島機兵衛《としまきへえ》で、新選組にも関係した能吏である。

このとき会津藩の工事の拡充総取締役、上坂仙吉こそが、後の京都を仕切る侠客会津小鉄だった。

小鉄は用地買収から人足や資材の確保、棟梁との交渉を六百人の部下を使って仕切った。丹波の木材、山城の竹、大和の瓦、河内や御泉の釘、ノコギリやノミなどの大工道具、そのほか米、みそ、油、布、紙などの日用品に至るまで小鉄が担当した。

小鉄はこれで賭博のてら銭も入れ、五万両、今日の貨幣価値に換算すれば二十億以上を稼いだとある。

池田屋事件で活躍する新選組の山崎丞は小鉄と同じ年で、若い頃からの友達だった。島原も小鉄の縄張りであり、池田屋事件は、小鉄の情報も関係していた。

桝屋を襲う

新選組と小鉄の情報が一致した。

沖田総司《おきたそうじ》、永倉新八《ながくらしんぱち》、原田左之助《はらださのすけ》らが組のもの二十余名を引きつれて、一斉に裏と表から桝屋の寝込みを襲ったのは、六月五日の早暁である。

雇人は、素早く逃れたが、慌てて書類を焼こうとして逃げ遅れた主人喜右衛門だけが捕まった。

急いで家探しをすると押入の中が抜け穴になっていて、武器弾薬や長州や肥後などの藩士たちの往復の書類を多数発見した。

桝屋喜右衛門などとは、もとより仮の名で、本名は古高俊太郎《ふるたかしゅんたろう》といった。

土方歳三の厳重な取調べが始まった。

古高は、黙秘するだけである。

怒った土方は古高をしばったまま逆さに梁へ吊るし上げ、足の甲から裏へ五寸釘をずぶりと突き通し、それへ百目蠟燭を立てて火をつけた。流石の古高も堪えかねたと見え、すべてを白状した。

これが通説だが、土方のやり方は事実と異なるというのは、中村武生『池田屋事件の研究』（講談社現代新書）である。

会津藩も新選組も長州の浪士が京都で放火及び、朝廷を本国へ奪去する企てを持っていることは、すでに把握済みで、裏づけることになったと記述している。

ともあれ、自白の内容は豪胆な土方も顔色を失うものだった。

来る六月二十日前後を期し、烈風の夜を選んで、御所の風上に潜行して火を放ち、場合によっては、御所を中心に四方を火を以て取り包むのみか、中川宮邸にも放火して、これに驚いて参内する守護職会津公を襲って血祭にあげ、勢に乗じて御所に乱入、孝明天皇の身柄を確保し、長州へ御動座し奉るという大密謀だった。

会津藩主松平容保《かたもり》も暗殺の対象になっていた。

「何だとこの野郎ッ」

土方は数回、古高の顔を殴りつけたに違いない。

会津藩は池田屋への突入には慎重だった。池田屋に踏み込んで長州藩士を斬れば、会津と長州の関係は、抜き差しならない事態に追い込まれる。このとき容保は体調を崩して臥せっており決断を下せない。

会津藩の公用方が一橋と桑名に相談すると、兵を出すという。それではと会津も兵を出すことに決定をしたのだった。

長州にはそれなりに気を使っていたことになる。

いざ池田屋へ

その集まりが池田屋であることを知った近藤は、元治元年六月五日、沖田総司、永倉新八、藤堂平助《とうどうへいすけ》ら腕利きを率いて自ら池田屋に向かった。

この夜、集まっていたのは、肥後の宮部鼎蔵《みやべていぞう》、松田重助《まつだじゅうすけ》、長州の吉田稔麿《よしだとしまろ》、広岡浪秀《ひろおかなみひで》、佐伯鞆彦《さえきゆきひこ》、土佐の野老山吾吉郎《ところやまごきちろう》、石川潤次郎、北添佶麿、望月義澄《よしずみ》ら二十余人とも三十数人ともいわれるが、正確な数字ではない。

長州の棟梁桂小五郎《かつらこごろう》もここにいたらしい。桂はいつも逃げ足が速い。近藤が姿を見せる前に、屋根伝いに逃れ、近くの対馬藩邸に逃げ込んだというのが本当の話のようである。

桂の伝記『松菊木戸公伝』では、早めに来たが、まだ皆が来ていなかったので、一旦、近くの対馬藩邸に顔を出した。そのうちに騒動が起こったとあるが、逃げたことがばれないように虚言を用いたのであろう。

とにかく逃げの小五郎である。

天才総司

当時、沖田総司は、数え二十三歳、剣法は天才的な名手で、土方や井上源三郎はもちろん、千葉周作の玄武館で北辰一刀流《ほくしんいっとうりゅう》の目録をもらった藤堂平助や、同じ千葉の免許をとった山南敬助《やまなみけいすけ》なども、竹刀をもっては沖田に小児《こども》扱いにされた。

沖田は鋭い勘の持ち主だった。

相手が下から突きあげてくるのか、右に動くのか、左に動くのか、前に進むのか、後に引くのかが瞬時にわかるのだ。

その動作に入ろうとしたとき、反射的に竹刀をだすと、ものの見事に決まった。狼のような瞬発力であった。近藤は若い沖田総司を塾頭にしていた。

大乱闘

池田屋を囲んだ新選組は、一人も逃すまいと二階をにらんだ。

会津兵も到着することになっていたが、夜の十時を過ぎても来ない。賛否両論があり、出動が遅れていた。

もはや待てない。

正面を近藤と総司が受け持ち、裏に永倉新八と藤堂平助が回った。

「いくぞ」

二階に駆け上がると、

「御用改めであるぞ」

と近藤が一喝した。

このとき、長州、肥後などの藩士たちは二階の八畳と六畳をぶち抜いて宴会の真っ最中で、たちまち大乱闘になった。暗闇のなかで白刃がきらめき、浪士たちは中庭へ飛びおりて、必死に逃げようとした。

長州の吉田稔麿、肥後の松田重助らは総司に立ち向かったが、あっというまに斬り殺された。

沖田の剣法は、相手を見た瞬間にその弱点を見抜き、咄嗟に剣を突き立てている。

相手は何が起こったか分からないうちに、突き殺されている。

沖田は左の肩を引いて、右を前に半身を開き、細くかん高い声で突いたという。それも構えるやいなや、即座に雷光のように突いて手も引く。続いて、

「やっ！」

とまた突く。引いて三度目の突きを入れる。この三本の突きを目にもとまらぬ早業で相手を倒した。

そこに土方も駆け付け斬りまくった。

乱闘は二時間にも及び、沖田は激しい立ち回りで吐血し、一時、人事不省に陥った。殺された者は十三人、生け捕り四人。この戦いは近藤、土方らの一方的な勝利となり、新選組の名は天下に鳴り響くことになる。

むろん永倉新八もこの日のことを『新撰組顚末記』に記述していた。

永倉の奮戦記

裏座敷には近藤勇と沖田総司、表座敷には縁側に永倉新八、藤堂平助がひかえ、必死になって向かってくる者を斬りすてんと身がまえる。おりしもひとりが逃げていったのを永倉が追いかけていく。ところが表口には槍術の達人谷三十郎、原田左之助の両人がよらば刺さんとかまえているので、ひっかえしてきて永倉に立ち向かった。

敵は大上段にふりかぶって、

「エイッ」

と斬りおろすを青眼《せいがん》にかまえた。

永倉はハッとそれをひきはずして、

「お胴ッ」

と斬りこむと、敵は、

「わッ」

と声をあげて、そのままうち倒れたのでさらに一太刀を加えて即死させ、ふたたび縁側にかけ戻り、敵やあるとみるまにまたもひとりが表口へ飛びこんでいくと、待ちかまえた谷の槍先に突かれてあとずさりするところを追っかけていった永倉が一刀のもとに斬り殺す。こんどは縁側伝いに雪隠《せっちん》へ逃げこもうとする敵を見つけた永倉が、うしろから矢声とともに斬りつけた。

そのとき藤堂はと見返れば、ふいに物陰からおどりだした敵に眉間を割られ、流れでる血が眼にはいって、非常に難儀している様子。それとみて永倉は横合から敵に、

「お小手ッ」

と右の小手をのぞんで斬りこむと、敵もさるもの、

「そうはいかぬ」

とうけ流し、こんどは藤堂にはかまわず永倉へ斬ってかかる。これはなかなか撃剣《うで》ができるものとみえて容易に永倉に斬りこませない。

敵の刃先が永倉の胸のあたりへスッスッとくるので、傷こそうけぬが永倉の衣類がさんざんに切り裂かれたという。かかるおりしも敵は「ヤッ」と一声小手にきたのを永倉はひきはずし得意の面を試みると、敵はみごとに左の頬から首へかけて切りさげられ血煙立ってうち倒れた。


という命がけの戦いだった。

壬生村までの沿道は数万の人垣で埋め尽くされ、惨劇を演じた三条小橋の池田屋の跡はじつに惨たんたるものであった。

襖障子は一枚として満足なものはなく、座敷は、鮮血、点々として畳を染め、斬りおとされた腕や足が狼籍として散乱し、毛髪のついたままの鬢などが切り殺がれて落ち散っていた。

容保感激

松平容保は病床にあったが、新選組の活躍に大感激、さっそく朝廷に報告し、朝廷は新選組に三百両を

与えた。幕府も五百両を贈った。

幕府の報奨金は、池田屋に突入した全員に金十両、ほかに近藤には二十両、土方には十三両、永倉や沖田にも十両が与えられた。

孝明天皇は、大変喜ばれ、容保は新選組に深い信頼を寄せ、忠勇義烈の志とたたえた。

彼らには生殺与奪の権限が与えられており、隊の判断で行動を起こすことができた。

なお、あまり知られていないことだが、事件に出動した諸藩の兵が長州勢と斬り合いになり、会津藩が五人、彦根藩が四人、桑名藩が二人の死者を出していた。

長州狂乱

長州藩内における池田屋事件の反応は凄いものがあった。会津藩が懸念した通り、人々は悲憤慷慨《ひふんこうがい》し、即座に京都に攻め上ぼると狂乱状態に近かった。

久坂玄瑞《くさかげんずい》は、山口でこの知らせを聞くや、すぐ三田尻に向かい、来島又兵衛《きじままたべえ》、真木和泉《まきいずみ》らと夜遅くまで軍議を開いた。三田尻は周防灘に面した現在の防府市である。

「京都に攻め入るべし」

というのが集まった全員の声だった。

十五日には来島又兵衛が遊撃隊を率いて先発した。

来島は禄高五十九石余の馬廻り役で、体軀は人にすぐれて大きく、剣術、馬術に長じた。

馬関戦争では総督国司信濃《くにししなの》の参謀として戦い、射撃に巧みな猟師を集めて遊撃隊を編制し上洛したが、八月十八日の政変で京都から撤退を余儀なくされ、上京の機会を狙っていた。

長州藩にいわせれば、幕府、会津は長州をつぶさんとする天敵であり、天皇は会津藩に軟禁され、ものをいえない状態である。ここは京都守護職会津藩と決戦に及び、八月十八日以前の朝廷に戻さなければならないと主張した。

十六日には家老福原越後《ふくはらえちご》が京都に向かった。福原は支藩徳山藩主の第六子である。玄瑞も真木和泉、寺島忠三郎らと兵を率い、海路大坂に向かった。

第二章　長州、御所襲撃

京都騒乱

池田屋事件の第一報が山口に達したのは六月十四日である。藩主毛利敬親《たかちか》はただちに出兵を命じ、翌日から藩兵が続々と京都に向かった。

京都市内でのゲリラ活動も一段と活発になり、市内は騒乱状態である。

五条橋に「天下雄士」の名前で張り紙があり、「池田屋騒動は慶喜の奸計《かんけい》であり、勤王正義の士を召し捕ったのは言語道断である。遠からず天誅を加える」とあり、これに関連して徳川慶喜《よしのぶ》の直臣平岡円四郎が襲撃され殺された。驚くことに下手人は一橋家警護役であり、身内にまで反乱が広がっていた。

会津藩の史料をもとに、長州の狂乱ぶりを考察することにしたい。それは驚くべき暴挙だった。『会津藩庁記録』に長州の動きが克明に記載されている。

「六月二十一日、長州藩士と見られる五十人、三十人の一行が揃いの胴服、小袴で藩邸に入った。これまでおよそ三百人が大坂港から上陸した模様である」

「風説によると下関の奇兵隊百五十人ほどが出張、萩も百人ほどが出張、町兵、農兵二百人が出張とのことである」

と、緊張が高まった。

慶喜は長州勢に退去を求めたが、これを拒否し、嵯峨天竜寺や石清水八幡宮に布陣した。慶喜、容保は討伐を決断した。薩摩も同じだった。

「形勢、追々切迫、長州人大勢軍装をつけて大坂伏見の辺りに姿を現し、入京したという知らせに竹田街道に坂本隊、加須屋隊ならびに大砲隊、新選組を差し向けた。竹田街道からも早馬で注進があり、長坂隊一番組を応援のために派遣した。主君は朝廷に召され、生駒隊、一瀬隊がお供をした」

「長州藩士、伏見山崎に兵器を携えて集まっていると知らせが入った」

「幕府の威光が地に落ち嘆かわしい事態である。家康以来三百年のご恩沢を忘れたとは禽獣にも劣ることである」

会津藩京都御用所発の文書は悲壮感に満ちていた。もはや戦争は避けられない情勢となった。

長州藩はすさまじい勢いで京都に攻め上って来た。尊王を標榜してきた長州藩が、一転、御所も焼き払わんと、狂気の集団と化していた。

このとき、会津藩で指揮を執っていたのは、国家老の神保《じんぼ》内蔵助《くらのすけ》である。長く江戸家老を務め、引き続き京都で采配を振った横山主税が病のために帰国、代わって神保が京都に上っていた。

兵力は二陣八隊、約千五百人で一陣は神保が指揮し、二陣は内藤介右衛門が指揮した。

天皇激怒

長州藩兵は槍をかついで堂々と入京をはかった。長州藩の狙いは武力で朝廷を威嚇することで、この動きを知って孝明天皇は激怒した。

「世情が騒がしく、はなはだもって心痛である。昨年八月十八日のことは、関白はじめ朕の所存で決めたことである。長州人の入京は決してまかりならぬ」

天皇はこう断言し、都を守るよう慶喜と容保に御宸翰を賜った。

容保は病状が重く臥せっていたが、重臣たちを集めて、

「みだりに兵を率いて京都に迫り、強訴を企てるなど天朝を蔑《ないがしろ》にする罪は許せない」

と、檄を飛ばし、会津藩兵は各所に出動した。幸い、京都には多くの公武合体派が兵を出していた。諸藩の兵が続々と御所に到着した。

御所の警備についたのは会津、桑名のほか大垣、彦根、紀州、小倉、熊本、久留米、越前、小田原、土佐、松山、因幡、備前、肥後など多数に及び、長州の行動はどう見ても無謀だった。

しかし窮鼠《きゅうそ》猫を嚙むの譬《たと》え通り油断はできない。

「国賊肥後守（容保）を討ち取るべく、今夜子の刻（深夜零時ごろ）、お花畑の宿舎に押し入る」

と号令を発し、続々進撃を開始した。これは高度な戦略だった。会津にのみ戦いを挑むとなれば、他藩は動きが鈍る。その間隙をついて一挙に御所に突入すれば勝利は可能だ、というものだった。

容保を狙撃すべく唐門の近くには狙撃兵も潜んだ。

会津藩は前年八月に兵を増員していて、このとき二陣八隊千五百人が布陣した。そのうち一陣四隊と大砲隊、新選組隊が竹田街道の九条河原に布陣した。残りの一陣のうち三隊が御所の警備につき、一隊は黒谷本陣を守った。指揮は竹田街道が神保内蔵助、御所は内藤介右衛門である。皆、必死の形相で守備についた。

御所には九つの門がある。そこに諸藩の兵を配置した。堺町門は越前、下立売《しもたちうり》門は土佐、仙台、蛤《はまぐり》門は会津、藤堂、中立売《なかたちうり》門は筑前、乾《いぬい》門は薩摩、今出川《いまでがわ》門は久留米、石薬師《いしやくし》門は阿波、清和院門は加賀、寺町門は肥後で固めた。

禁裏御所の建礼門、唐門、台所門、清所門、朔平《さくへい》門などは一橋、紀州、尾張、水戸、会津、桑名、彦根

兵が中心になって固めた。

この時、慶喜の態度はいつものように曖昧だった。

朝議で長州征討が決まったにもかかわらず、一向に煮えきらず新選組が慶喜の宿舎に乱入せんとする動きすらあった。

迷う玄瑞

長州藩はこの時点で、薩摩藩が幕府側につくことを知った。薩摩は当初、長州に気兼ねして、態度を明らかにしてこなかった。

そこで会津藩は、前関白の近衛《このえ》忠熙《ただひろ》公に手を回した。近衛は早速、西郷を呼んだ。

「帝は長州の動きを断じて認めてはおられない。これは勅命である」

と西郷に釘を刺した。西郷は黙って聞いていたが、

「勅命とあれば、会津を支援いたす」

と答えた。こうして西郷を引き出すことに成功した。西郷は急遽数百の軍勢を京都に呼び寄せた。これを受けて一橋慶喜も意を強くし、十八日中に撤退しなければ、追討すると長州に伝えた。

この時点で長州の勝ち目はなくなった。これを聞いて玄瑞は考えを変えた。

「ならば会議をひらく」

と、来島又兵衛がいった。

七月十七日、長州軍幹部二十人ほどが男山八幡の本営に集まった。

口火を切ったのは来島である。

「諸君はもう進軍の用意は整っておるか」

と皆を見渡した。しかし、誰も答えない。それを見て来島の顔色が変わった。

「いままさに宮門に迫って君側の奸を除かんというのに、諸君が進軍を躊躇するのはなんたることだ」

と怒鳴った。

すると玄瑞が発言した。

「もちろん、我々は君側を清めることは覚悟の上である。しかし、その時期はまだ到来せぬように思われる。世子の来着を待って進撃するか否かを決めるべきだ」

玄瑞の顔は青ざめていた。

これを聞いて来島が激怒した。

「卑怯者ッ」

と怒鳴り、

「医者、坊主などに戦争のことが分かるか。諸君、もし身命を惜しんで躊躇するのであれば、勝手にここに留まっているがよかろう。余は一手をもって君側の奸を除くッ」

と啖呵《たんか》を切って憤然として席を蹴った。

玄瑞は藩医の息子である。これは侮辱であった。ぐっと暴言に耐えた。

この会議は来島の独り舞台だった。同席した久留米の神官真木和泉が、

「拙者は来島君に同意いたす」

と同意したことで、会議は強行突破に傾いた。

戦闘は七月十八日夜亥の刻（午後十時ごろ）に始まった。福原越後が兵五百を率いて伏見を出発した。

大垣兵がこれを迎撃し、伏見では彦根兵が伏見の長州藩邸に大砲を打ち込んだ。

明け方、国司信濃が兵七百を率いて天竜寺を出て下立売、中立売、蛤門に迫った。

大砲の音はびんびんと御所に届き、孝明天皇は、

「総督以下、在京の諸藩は力を尽くして長州を征伐し、朝権を輝かすべきこと」

と勅書を下し、慶喜や容保を叱咤激励した。

容保は内裏のすぐ南にあるお花畑（擬華洞）の仮小屋で臥せっていた。

戦闘が始まったと聞くや勉励従事せよと慰問書を作り、小姓の浅羽忠之助に持たせて陣将神保内蔵助に届けさせた。

十九日朝、辺りに黒煙が満ち、砲声が響きわたると容保は薄柿色の帷子《かたびら》の上に絽絹《ろけん》の陣羽織を付けて、宿営を出て駕籠で建春門に向かい、そこで駕籠をおり、左右から助けられて唐門にたどり着いた。

大原重徳《しげとみ》卿が容保を迎え病苦をいたわり、手をとって殿上に導き、孝明天皇のご機嫌をうかがった。その頃から御所の周辺で戦闘が始まった。

御所に砲撃

蛤門に迫った来島隊に立ち向かったのは会津藩陣将、内藤介右衛門率いる一瀬、山内、生駒の三隊である。会津兵は槍での突撃を得意とした。

「突貫ッ」

と内藤が叫ぶと、弾丸飛び散る敵陣に突撃した。窪田伴治が、自分の名前を名乗って、

「一番槍ッ」

と叫んで突っ込んだ。窪田は目の前の敵兵を突き殺したが、たちまち銃弾を浴びて倒れた。続いて飛び出した飯河小膳、町野源之助も撃たれた。

長州勢は尊王などどこかに吹き飛び、天皇の抹殺も辞さない狂乱だった。

この長州兵が明治維新で、勤王の志士になり、必死に天皇を守った会津藩が朝敵、賊軍にすり替えられるのだから、明治維新は欺瞞だらけだった。

歴史は、勝者によっていくらでも捏造《ねつぞう》される。そういう戦争だった。

長州勢は隣接する日野大納言邸に潜み、横合いから鉄砲を撃ってくる。会津兵は身動きできなくなった。

このとき薩摩兵が吶喊《とっかん》して駆け付けた。薩摩の川路《かわじ》利良《としよし》が、

「あの大将を狙えッ」

と、来島又兵衛を指差した。

さすがは戦争巧者である。大将が討ち取られれば、その部隊は指揮命令系統を分断され、逃げ惑うに決まっている。薩摩の銃撃で来島は一瞬のうちに馬から転落した。

「大将がやられたッ」

兵は動転し、たちまち来島隊は総崩れになり、来島の遺体を担いで逃げるのが精一杯だった。

伏見稲荷

新選組は、十八日、伏見にある長州屋敷の焼き討ちをしようと、準備をしていた。すると伏見の方から大砲の音が聞こえた。

すると、会津藩の公用方から急使が来て、

「即、伏見に向かうべし」

と命じた。

「よし」

と、近藤、土方は会津の手勢と伏見に向かうと、福原越後が率いる長州兵と大垣藩との間で接戦になっ

ていた。大垣藩の砲弾がさく裂すると、福原が落馬し、福原勢は総崩れとなった。

夜が明けると、御所の方から大砲の音が激しく聞こえた。

なにごとと永倉新八と原田左之助が民家の屋根へあがって眺めると、御所の方角に黒煙が上がっている。

「それッ」

と新選組は御所に向かい、堺町門の前に陣取った。

新選組は奮闘の疲れを休めるひまもなく戦い続け、鷹司《たかつかさ》家の門前にさしかかると、屋敷内に二、三十人の長州兵がかくれているのを見つけた。

「火を放て」

土方の命令で、新選組の大槻銀蔵がいきなり鷹司邸へ火をかけたので、長州兵は大いに驚き、蛤門に向かって逃げたが、ここは会津の持ち場である。たちまち銃撃され殲滅《せんめつ》された。

日野邸を襲撃

新選組はこの後、公卿門をかためよとの命をうけたので、近藤と土方は隊員を率いて公卿門に向かわんとすると、御門前の日野大納言邸に長州兵八十人余がひそんでいると密告したものがあった。

土方は副長助勤の永倉新八、原田左之助、井上源三郎の三人に隊員二十人をそえて日野邸に向かわせた。

突然、新選組の一隊に飛び込まれた長州勢は驚き、必死に斬りこんできた。

土方は、はっきりと長州の尊王攘夷はまやかしだと確信した。

戦いを制したのは大砲だった。賀陽宮《かやのみや》邸の前に据え付けた会津藩の十五ドイム砲は、轟音とともに鷹司邸の壁をぶち抜き、生駒隊が鷹司邸内に突撃した。

玄瑞の死

久坂玄瑞はどうなったか。

玄瑞の部隊は堺町門を避けて鷹司邸にいた。邸の前に会津兵が布陣するお花畑がある。そこを突破すれば御所に侵入できた。

玄瑞が飛び込んだとき、鷹司卿は束帯姿で参内するところだった。

「我々は嘆願のために参りました。どうかお供をッ」

と、玄瑞は鷹司卿の袖にすがった。戦争ではない、嘆願に来たのだというところに、玄瑞の本音が見えた。しかしもう戦闘状態である。鷹司卿は玄瑞を振り切って御所に駆け込んだ。

こうなればもはや戦うほかはない。玄瑞の兵は塀によじ登り、御所に向かって鉄砲を撃った。

「うぬ」

会津の林権助の大砲隊が鷹司邸に照準をあわせた。大砲が轟然と火を噴いて壁をぶち抜いた。権助は次々と砲弾を浴びせ、邸内は火に包まれた。

玄瑞は膝に砲弾の破片を受け、動けなくなった。

「もう、かようなことになってしまい、何とも君公に申し訳ない」

玄瑞は友人の河北義次郎や入江九一に語った。もう気落ちし、まったく立てない状態だった。玄瑞は心ならずもここで命を落とした。

公家たちの恐怖

公家たちは恐怖のるつぼの中にあった。

「和睦して長州の入京を認めるべし」

とか、

「早く討攘すべし」

などと身を震わせて叫び、廊下を走りまわった。すると慶喜が、

「禁闕《きんけつ》に発砲する凶賊に和睦などあるものかッ」

と珍しく大声をあげた。

後にも先にも慶喜の戦闘は、この時、一回きりだった。

これは京都大戦争だった。

孝明天皇は長州を憎んだ。

何が尊王攘夷だ。長州の狂乱に身震いし、激しく憎悪した。

容保、天顔を拝す

この日、容保はお花畑の宿舎にあり、おりから病気で床について苦しんでいたが、形勢を聞き、気が気でない。近侍に、

「剃刀をもて」

と命じて月代を剃らせ、よろめく足を踏みしめて官服にあらため、乗馬にまたがって御所へ参内せんとした。

病苦に心身とも疲れはて、乗馬から落ちそうなので近侍のものは両方から容保の腰のあたりをささえ、公卿門から御所へ入ろうと門の曲がり角へくると馬がピタリと止まった。

近侍のものが不思議に思って、さらば南門へとひきかえし、ようやくのことで御玄関へ着くと、弟の定敬が出迎えた。

容保が弟の定敬とともに常御殿にのぼると、関白以下が天皇の御前に並び、公家たちは衣冠の上に襷をかけ、天皇を守護していた。

容保は天顔を拝し奉り、

「臣ら誓って玉体をお守り奉る」

と申し上げると、天皇はうなずいてご慰労の言葉を述べられた。

容保は退いて関白や中川宮に立ち退きの不可を申し上げた。

天皇は比叡山に立ち退くとの流言が飛び、神器を入れた唐櫃が縁側に並べられ、公家は手に草履を持ち、いまにも出かける風情だった。

残党は天王山

新選組は、会津の侍大将神保内蔵助、軍事奉行の林権助とともに、軍容をととのえ、天王山にむかった。

会津勢と新選組に包囲された長州勢は覚悟を固め、自らは、ここで自決する覚悟を決めていた。宍戸久之進、国司、益田右衛門介の三大将は藩兵をひきまとめて丹波口から長州路をさして落ちのび、真木和泉以下二十人が天王山を枕に討死の準備にとりかかっていた。

天王山は高くはないが、傾斜がきつく山頂までの径路はなかなかの難路だった。

そこに会津勢と近藤率いる新選組五十余人が到着した。

すると山頂の一角に金の烏帽子をかぶった真木和泉が金切割の采配を右手にしてすっくと現れ、同時に二十名の決死隊が大砲をならべてすごんだ。

そして真木はきっと皆を睨み、

「討手の勢はいずれの藩なるや、いざ名乗ったうえで接戦いたさん。かくいうそれがしは長門宰相の臣真木和泉である」

と声をかける。こちらは会津勢の神保が、

「それがしは会津藩神保内蔵助」

新選組勢からは近藤が出て、

「それがしは近藤勇」

と名乗りをあげた。

すると真木は、朗々と詩を吟じ、おわって、

「エイ、エイーッ」

と鬨《とき》の声をあげると、つづいて二十人の長州勢が、

「ワーッ」

とこれに応じ、同時に手にした鉄砲をあびせかけてきた。

このとき永倉は腰を、井上は脛を射られて軽傷をうけた。

「それッ」

と両軍大合戦となり、長州勢も一刻あまり奮闘したが、真木は時をはかって、

「ひけッ」

と命令して陣小屋へかけこんだと思うまに小屋はたちまち火を発し、真木以下の勇士はことごとく火中に飛びこんで切腹してはてた。

「お見事の最期なるかな」

と会津藩も新選組もいっせいにこれをほめたたえた。

火が鎮まってからこれら勇士の黒焦げの死体のなかに、直垂《ひたたれ》の袖の焼けのこりと、切腹のみごとなのを

発見した。これが真木和泉であろうと、丁寧に扱った。

新選組が天王の社にいってみると、真木は米三千俵と、三千両を奉納してあり、米は山崎の農民と八幡の社にわけ、金子は会津の手におさめ、新選組は八月二十五日、壬生村へ帰って休養した。

京都丸焼け

京都の空は真っ赤だった。それは世紀末の光景だった。誰も火災は止められなかった。炎天をおおい、太陽までもが真っ赤になり、激しい北風にあおられて鴨川と堀川の間、南七条にいたる膨大な地域に火災は広がっていった。

人々は火炎を逃れて町を離れ、街道はどこも逃げ落ちる人でごったがえした。

このとき、長州勢が御所に侵入したとの流言が飛び、またも慌てふためく場面があった。

不審者が見つかり、調べてみると庭の門を開けた形跡があった。危ないところだった。

火災は翌日いっぱい続いた。

記録によると、焼失家屋は、世帯数二万七千五百十三軒、町数八百十一町、土蔵千二百七棟、橋梁四十一、宮門跡三、芝居小屋二、公家屋敷十八、武家屋敷五十一、社寺二百五十三という大惨事だった。

火は六角通りの国事犯の収容所、六角牢にも迫った。ここに生野事件の平野国臣、池田屋事件の古高俊太郎ら四十人ほどの国事犯が収容されていた。

大火の際、牢は切り放しが慣例になっていたが、管理者の滝川播磨守が国事犯の処断を決め、斬殺した。

これがまた長州勢の恨みの対象になった。

本来、この大戦争は長州勢の無謀な反乱によって起こったものだが、逆に幕府、会津が逆恨みに遭った。

柴司の悲劇

禁門の変が終わって九月のことである。東山の明保野という料理茶屋に長州人が二、三人潜伏しているとの密告があった。新選組から原田左之助、井上源三郎、沖田総司らが会津藩士や隊員を連れて召し捕りにむかった。

明保野の表口も裏口もかためておいてふいに屋敷さがしをやると、一人の侍がもの陰からとびだし塀を乗りこえて逃げようとした。

それとみて追いかけたのが会津藩の柴司《しばつかさ》だった。

「なに者だッ、名乗れ」

と声をかけたが答えがない。

柴はこの日、永倉新八から借りた手槍を持っていた。問えども答えがないので長州人とみて、電光のごとく槍をくりだして侍の横腹を突き刺した。

侍は突かれてはじめて声をかけ、

「ヤアヤア、人ちがいをして後悔あるな、身どもは土州の麻田時太郎ともうす者なるぞ」

と名乗られて柴は大いに驚き、

「これは意外千万、なにゆえあって逃げかくれなどなされしや。こちらは長州人とこころえて突きかかりしものでござる」

「その長州人はすでに四、五日前にたちさってただいまは拙者ひとりこの茶屋に旅宿いたしておる」

ということだった。

永倉らはその場はそのままひきあげたが、柴は帰隊ののちも浮かぬ顔色をしている。それをみた永倉がいろいろ聞いてみると、会津と土佐の問題になりはしまいかということだった。

とかくするうちに会津藩の公用方から、柴に至急、帰邸するようにと使いがきた。土佐藩から通報があったのである。

会津藩では田中土佐以下の重役が気のどくでも柴司には切腹させねばなるまいということに決めて、司の実兄柴秀司におもむきを伝えていた。

武士道のつらさ、どちらも頭の痛い問題だった。

千日前の惨劇

禁門の変のあと、福原越後の軍勢からはぐれ、独自の行動を取った宍戸久之進ら六十二人の長州兵がいた。

彼らは伏見から二艘の船で淀川を下り、大坂の藩邸で傷の手当てをして、山口に帰国しようとしていた。しかし二艘とも警戒にあたっていた高松藩兵につかまり、全員、大坂町奉行所に連行され、千日前の獄舎に投獄された。

これらの長州兵に対する奉行所の扱いは過酷をきわめ、刑死六人、牢死三十九人を数えた。毒殺したという噂もたった。

死者の遺骸は犬猫の死骸と同じように無造作に刑場の片隅に埋められた。

西郷の暗躍

長州の処分について、薩摩の西郷が、容保を訪ね、会津藩の意向も聞いてきた。

容保はこのとき、領土の削減を求めた。

「いやしくも禁裏に発砲した大罪は切腹、移封も当然だが、酷に過ぎるとの物議もあるので、考慮せねばならぬ。聞くところでは、肥後、土佐、久留米などはおおむね幕府に委任するとのことである。その処罰については、父子は助命、領土は半分または三分の一を取り上げるのがよい。まあ周防一国を取り上げればよいだろう」

というのが、容保の見解だった。

周防は現在の山口県の東部である。領土の半減だった。

西郷は黙ってうなずき、下関に乗り込んだ。

西郷の腹は周防、長門の二国による長州の存続だった。いずれ長州が鍵を握るときが来る。

西郷にはそうした予感があった。

西郷が長州に伝えた決着の条件は、まず禁門の変の責任者、福原越後、国司信濃、益田右衛門介の三家老の切腹と参謀四人の斬刑だった。

次に長州藩主父子の自筆の伏罪状の提出、三条実美ら五卿の他藩移住だった。

長州藩は西郷の決着に安堵した。もっとも怖いのは領地の削減だった。

西郷は参謀の地位を最大限に利用し、長州藩の領土をすべて残す方向で解決をはかった。

西郷の心には会津藩との決別があった。

長州にはいくつもの後遺症があった。

戦いに勝利したものの会津藩も新選組も長州藩の熱気と狂気を背中に感じていた。

また襲い掛かってくるに違いない。その恐怖感は正直のところあった。だからこの際、長州を根こそぎ叩かなければ、不死鳥のように立ち上がり、都に攻め込んでくるに違いない。そう感じていた。

一橋慶喜と松平容保は、京都を制圧したいまこそ、長州征伐の絶好の機会と捉えた。

孝明天皇から長州征伐の勅許を得た二人は長州征伐に意欲を燃やした。しかし二人の思惑は、征長総督にすえた紀州藩主徳川茂承《もちつぐ》が辞退したことで、肩すかしを食った。

容保の実兄である尾張の徳川慶勝《よしかつ》になんとか押しつけたが、肝心の江戸の幕閣に危機感がなかった。

業をにやした松平容保は近藤と公用人の小森久太郎を江戸に向かわせた。

「長州は必ず息を吹き返す。それを江戸の者どもに分からせよ」

容保がいった。

近藤と小森が江戸城に出向き、御小姓、御納戸、大御番組などの役人を回ったが、どの顔も天下太平、長州の脅威などどこ吹く風で、二人は現実とのギャップに愕然とした。

老中松前崇広《まつまえたかひろ》にも会い、

「徹底的に長州の罪を問うべき」

との主君容保の親書を手渡したが、松前の反応も鈍かった。逆に、

「長州征伐は、京都守護職の分限を超えるものだ」

と冷たくあしらわれ、近藤らは失望した。

京都と江戸の間には越えがたい深い溝があった。

第三章　八・一八政変、長州追放

会津藩の公式文書

少し時期がさかのぼる。

会津藩の公式文書に新選組が出てくるのは、文久三年（一八六三）三月下旬の「密事往復留」（『会津藩庁記録』）からである。当時はまだ浪士隊だった。

「浪士頭取鵜殿鳩翁（甚左衛門）殿より、京都に滞在を希望する者は、会津家家中へ引き渡すので、同家の差配に従うことと、申し出があった」

と京都詰めの重臣田中土佐、横山主税から会津本庁の萱野権兵衛、西郷頼母、神保内蔵助、山崎小助、一瀬勘兵衛、西郷文吾宛てに文書が送られていた。

差配とは、采配を意味する。

文書にはその名前も記載されていた。

江戸浪士の内、残り候人別
芹沢鴨、新見錦、近藤勇、根岸友山、山南啓助、佐伯又三郎、土方歳蔵、沖田宗司、井上源三郎、平山五郎、野口健次、平間重助、永倉新八、斎藤一、原田左之助、堂藤平助、家里次郎、遠藤丈庵、殿

の十九人である。ただし総計では二十人と記載されているが、名前が一人欠落している。ほかに粕屋新五郎、上城順之助、鈴木長蔵、阿比類栄三郎の四人が、病気に付き不参加と記載されていた。字は当て字が多く、山南敬助、土方歳三、沖田総司、野口健司の字も一部違っていた。堂藤平助は藤堂である。

この文書には、京都で集めた浪士の名前もあった。

京都方浪士人別
佐々木六角次太夫、同男、青木太郎左衛門、山口薫次郎、三宅定太郎、谷野藤一郎、大高又一郎、外七人名前知らず
疋田貞蔵、谷森外記、山中春助、中沼了三、同男、吉田玄蕃、永田恭助、寺田半三郎、万年大進、家無弥太郎、牧善助、岡村熊七、船貞助、宇喜田松庵、水郡善之助、三浦主馬、乾十郎、森田謙三、井沢儀庵、北好次

の三十四人である。家無弥太郎などは明らかに偽名であり、読み方も明確でなく、振り仮名はつけようがない。

京都浪士の募集は清河八郎が深く関与しており、清河の失脚で多くが途中で離脱し、歴史に名は残さなかった。一部、鵜殿が集めた浪士もあり、内部は当初から複雑な派閥抗争の様相を呈していた。

浪士たちの肩書も、

「松平肥後守殿御預浪士」

となった。松平容保は三月十六日に近藤らに会い、直接、そのことを伝えた。

攘夷の血祭

この時期、京都は日々、陰惨な状況だった。九条家の家士島田左近《しまださこん》が幕府派という理由で斬られ、儒者池内大学《いけうちだいがく》も幕府に通じたという理由で暗殺された。

公武合体派の正親町三条実愛《おおぎまちさんじょうさねなる》卿の屋敷には池内大学の左右の耳が投げ込まれた。

京都町奉行所の与力渡辺金三郎も殺された。国事に奔走していた千種家の役人、賀川肇も斬殺され、

「攘夷の血祭りとして祝意を表す」

と書き添えてあった。

会津藩の兵士は京都に来たばかりで、右も左も分からない。迂闊《うかつ》に動いては幕府親藩、会津藩の名前に傷が付く。じっと周囲を見つめるしかなかった。

ついには警邏《けいら》の会津藩士も殺害され、事の重大さに容保は愕然とする日々だった。そこに浪士隊が駆け付けたのだ。容保は大いに喜び、一行に大きな期待を寄せた。

幹部の話し合いによって役員も決められた。

局長は芹沢鴨、近藤勇、新見錦の三人。土方と山南は副長、沖田、永倉、原田、藤堂、井上らは助勤である。局長筆頭は当初、芹沢だった。水戸藩郷士という肩書が物をいった。

上覧試合

近藤勇が松平容保の前で上覧試合を行ったのは、四月十六日である。場所は黒谷の会津藩本陣、当日の

組み合わせは次のようなものだった。
一、土方歳三─藤堂平助
二、永倉新八─斎藤一
三、平山五郎─佐伯又三郎
四、山南敬助─沖田総司
この試合、どういう勝負だったのかは分からないが、容保を満足させる激しい戦いであったことは間違いない。

近藤輩下の剣士といえば、土方や沖田が有名だが、八木家の為三郎の言い伝えだと、組中で一、二の使い手は、永倉新八と斎藤一《さいとうはじめ》だったという。とすれば二人の対決は手に汗握るものであったろう。

容保は大満足で、試合に見入り、試合の後酒を振る舞い慰労した。

斎藤一は、最後まで会津藩と一緒に戦い、戦後、会津の女性と結婚、生涯を会津のために尽くした。この日の感動が斎藤一をそうさせたのかも知れなかった。

このため斎藤一を会津人とする論考もあるが、江戸の人間で、十代の終わりの頃、旗本を斬り、京都に逃れた男だった。ただし、上洛以前に試衛館にかかわりがあったともいわれ、浪士隊の中核メンバーに加えられていた。

長州藩がひそかに浪士隊に送り込んだ御倉伊勢武《みくらいせたけ》、荒木田佐馬之助ら四人を粛清したとき、刺客に選ばれ、御倉を始末している。

彼らは、松平容保の庇護《ひご》のもと、京都市中警備の有力組織として、台頭してゆく。しかしこの時期、活動資金は皆無に近い。手当は一人月三両で、今日の貨幣価値で約十五万円、ぎりぎりの給料だった。

そこで芹沢が資金獲得に動いた。

平野屋を襲う

全員が雑魚寝《ざこね》同然の宿舎なので、気が休まる暇がない。外出が何よりの気晴らしだった。

サクラが散ってツツジが咲き、フジやボタンが咲き乱れる。やがてアヤメ、カキツバタ、ハナショウブの季節を迎える。太陽が頭上にのぼり初夏である。

「それにしても同志はいまだ綿入れを着ている。夏物が必要だ。大坂の平野屋から借りよう」

と芹沢が提案し、芹沢、近藤、新見、土方ら幹部が大坂に下って、平野屋に借金を申し入れた。

「これでご勘弁を」

番頭が小使い銭をつつんで、追い返そうとしたとき、芹沢が怒鳴った。

「無礼千万ッ」

今にも抜刀して切りかかる仕草である。

平野屋は驚いて百両を包んだ。

以後、芹沢は金を借りまくる。

幕府も悪い。京都に呼んでおいて、会津藩に預けたまま手当を出さない。

今度は大坂の鴻池善右衛門に談じこみ、金二百両の借金を申し付けた。奥に引っ込み、支配人が五両の包み金を差し出すと、

「馬鹿野郎ッ」

と芹沢が激怒して投げ返した。驚いた支配人が奉行所に駆け込むと、「壬生浪士は会津藩預りの身分なので丁寧な応対をするように」と沙汰があり、これを聞いた善右衛門が二百両を差し出した。

芹沢は上機嫌で、京都の大丸呉服店で、だんだら模様の羽織をはじめ紋付や袴を注文した。

「おい、皆の者、寸法をとれ」

芹沢はすこぶる機嫌がよい。

これを聞いた会津藩は驚いた。

会津藩が鴻池に二百両を返済し、さらに甲冑、槍などを与えた。しかし会津藩も財政難である。現実問題として浪士隊は独自で金を集めるしかない。

大坂の商家からどんどん借り入れた。

宴会も派手だった。土方はどこに行ってもてまくった。隊員も増え、四月の時点で三十数人になった。

ただ近藤、土方と芹沢の間に亀裂が入り、お互いに反目が始まった。

土方はどこまでも幕府と会津藩のために尽くすとしたのに対し、芹沢は朝廷に尽くすとして譲らない。

加えて芹沢は浪士隊筆頭の肩書を持っている。数の上では近藤、土方組の方が多い。

両雄並び立たず、いずれ内乱が起こることは避けられない雲行きだった。

この対立、まだ外部には漏れておらず、浪士隊の名は日を追って高まる一方である。市中の巡回や幕府要人の警護、不逞浪士の取締り、揃いの制服とあって、とにかく目立つ。全員が長刀をおび、周囲を威圧した。

水口藩

「壬生浪はけしからん」

と、水口《みなくち》藩の公用人が、会津藩に文句をつけたのを知った芹沢は、

「水口藩の公用人など召し取ってまいれ」

と、永倉新八や原田左之助らに下した。

水口藩は近江国水口周辺を領地とする二万五千石の大名である。

「ものの数にあらず」

芹沢はわめいた。

永倉らは水口藩邸に乗り込むと大騒ぎになり、わび状を書かせて引き上げた。ところが翌日、使者が来て、わび状を返してくれという。中に入る人がいて島原の角屋《すみや》で、手打ちとなった。

文久三年（一八六三）の六月末のことである。

ところが芹沢は、角屋の扱いが悪いと調理場で酒樽や料理の器をことごとく割り暴れまわった。それだけではない。角屋を七日間の謹慎処分にした。文字どおり気違い沙汰だった。

「あの野郎ッ」

土方は芹沢抹殺を心に誓った。

大喧嘩

同じころ、芹沢らは大坂へ出張した。京の玄関口、大坂で不逞浪士の探索をすることになった。

朝からじりじりと太陽が照りつける十五日、芹沢、山南、島田魁《しまだかい》、永倉、沖田ら八人が舟を仕立てて淀川を下った。舟のなかで酒盛りである。芹沢がひどい呑み方をするので、沖田は白ける。

一行が鍋島河岸でおりると、向こうから相撲取りがやって来た。相手も少し酔っている。

芹沢が道の真ん中を行き、

「おい、片寄れ、片寄れ」

と、いった。

「なんだ、この野郎っ」

相撲取りが叫んだとき、芹沢の長刀が一閃した。相撲取りがギャーとわめいてそのままぶっ倒れた。

辺りは血の海、身体をピクピクさせて動かない。有無をいわさぬ乱暴なやり方に、沖田も仰天した。

これを見た野次馬がバタバタと駆けだして行く。恐らく相撲部屋に知らせに走ったのだろう。

「ただではすまぬな」

沖田は刀に手をあてた。芹沢は身体を小刻みにふるわせ、頬のあたりを痙攣させている。

「くだらん奴を斬った。呑みなおしだッ」

芹沢は大股で、北の新地の住吉楼にのぼった。そこへ相撲取りが押しかけた。

「野郎、でて来い。敵討ちだあー」

外にでて見ると、二十人近い巨漢が八角棒をふりかぶって襲って来た。

沖田は斬る気はない。理由がない。悪いのはこっちだ。逃げだしたい心境である。沖田はひょいひょいと八角棒をよける。

「沖田ッ、斬れ、斬れッ」

芹沢が大喝する。

「なにをやってるかッ。この卑怯者め」

芹沢が罵倒する。

迷った沖田に、八角棒がうなりをあげて飛んで来た。本能的に退いた一瞬、八角棒が沖田の額をかすめた。目から火花が散り、鮮血が流れた。

相手はなおも八角棒で迫って来る。

やむを得ん。

沖田が「かあー」という鋭い声を発したと見るや、相手の男は喉元から血を噴いて、どおっと倒れた。

必殺の突きであった。

これを見るや相撲取りは八角棒を捨てて逃げて行く。辺りに死体が五つ。手負い十六人。総崩れとなった。

沖田は不意に眩暈《めまい》を覚えた。

相手の血を見たとたんにゾクゾクと寒けがし、激しく咳をした。

沖田は住吉楼に駆けこんで、水を飲んだ。

女たちは遠まきにして、沖田を見ている。沖田は全身に返り血をあびている。あわててそで口を洗った。

大和屋事件

芹沢らの悪行は止まらない。

京の生糸商人大和屋庄兵衛《やまとやしょうべえ》が朝廷へ一万両を献金し、勤王の志士を助けているという噂を聞いて、文久三年（一八六三）八月十三日、芹沢は大和屋に乗りこんだ。

大和屋がカネをだせという芹沢の要求を断るや大砲を引きだして、どかどか撃ちはじめた。

このとき浪士隊は皆白鉢巻、たすきをし、袴を高く上げ、刀を抜き、土蔵を囲み、板きれを火に入れればんぼん燃やしたという。

さらに焼き玉をぶっ放したので辺りの民家に火が移り、大火になった。

芹沢は土蔵の屋根によじ登り、この体を見下して愉快せりと、西村兼文《にしむらかねふみ》の『新撰組始末記《しんせんぐみしまつき》』にある。

ところが世情伝わる大和屋の一件、どうも違うという声もある。

「会津藩の若手グループは長州藩過激派の起こした事件とみている」

「目撃者は、犯人は面をかぶっており、犯人は西陣の者どもとみている」

「その日、壬生では、大坂の相撲取りとの親善相撲が行われており、新選組の隊士は大半ここにいた」というのである。

何か事件があると、犯人にされてしまうのは、芹沢の不徳の致すところだった。

その矢先に公武合体派によるクーデターが起こる。

八・一八政変

池田屋事件の約一年前の文久三年八月十八日、会津は京都所司代の淀藩と手を組んで御所の九門を封鎖した。これに薩摩も加わり、長州勢を京都から追放する思い切った作戦を断行した。

長州側の反撃は当然、予想された。のるかそるかの決断だった。

このとき、浪士隊も会津藩公用方野村左兵衛から急速出動命令を受け、赤地に白で誠と染めぬいた隊旗をかかげて蛤御門《はまぐりごもん》に出動した。

御所の周辺は一触即発の危機にあった。長州兵が目を吊りあげて、御所に迫り、大砲四門を並べ、千人近い兵が押し寄せた。

いまにも発砲しそうな勢いである。

口では勤王を叫びながら、いざとなれば御所に発砲を辞さないのが、彼らのやり方だった。

このときの浪士隊の勇ましい姿を記述した文献が会津藩士鈴木丹下の「騒擾日記」（『七年史』）である。

「壬生浪人と号し候者ども五十二人、一様の支度をいたし、浅黄《あさぎ》麻へ、袖口のところを白く、山形に抜いた羽織を着し、提灯の上に赤く山形をつけ、誠忠の二文字を打ち抜に黒く書置き候」

と記述した。

当時、会津の守備兵は、浪士隊を認知してはいなかった。面々は、

「何ものだッ」

と鼻先に槍を付きつきられた。

芹沢鴨は、

「会津公お預りの壬生浪士であるぞ」

とすごんでみたが、通用しない。公用人の野村左兵衛が駆け付けて一件落着、御所内に入って雨の中、夜通し警護に当たった。

七卿の都落ち

このときは、まだ長州の益田右衛門介《ますだうえもんのすけ》、久坂玄瑞《くさかげんずい》、久留米の真木和泉《まきいずみ》、肥後の宮部鼎蔵《みやべていぞう》らに理性があり、
翌日、三条実美《さんじょうさねとみ》、三条西季知《さんじょうにしすえとも》、沢宣嘉《さわのぶよし》、東久世通禧《ひがしくぜみちとみ》ら七人の尊攘派公卿が長州へ都落ちをした。
「狆犬を抱いて都落ちする姿は哀れだ」
と会津藩の記録にあった。

薩摩と提携

幕末という時代は不可思議だった。このとき、会津は薩摩と同盟を結び、長州を御所から締め出していた。

会津対薩長の争いというが、一時期、薩摩は会津と提携し、蜜月時代があった。

天皇を奪って革命を起こすという長州藩に対して、薩摩藩は断固、拒否反応を示した。

会津の公用人秋月悌次郎《あきづきていじろう》のもとに薩摩の使者が現れ、提携を申し入れたのだった。

薩摩は長州のテロリズムを激しく非難し、会津についたのである。

天下の情勢は一夜で変わる。

どちらが正義で、どちらが不義か、そんなことは問題ではなかった。

権力闘争である。

のちに、薩摩藩は今度は長州と同盟を結び、幕府を倒し、会津藩は長州と薩摩に翻弄される——。


御所から締め出された長州は公家をつれて都落ちした。おかげで京都に平穏が戻った。

孝明天皇は、大感激、容保に信任のご宸翰《しんかん》を与えた。

会津藩が、薩摩のように臨機応変に動く大胆な合理性をもっていたら、薩長土肥ではなく薩長会が明治維新を成し遂げたかもしれない。

幕府の親藩であり、超まじめ人間の容保が主君である限り、ありえない話ではあったろうが、例えば、秋月悌次郎と広沢富次郎が家老であったら十分、考えられた。

会津、薩摩同盟を結んだ秋月は、ねたまれて蝦夷地の代官に飛ばされ、広沢もある時期、内勤に格下げされている。残念なことだった。

これを機会に会津藩は、浪士隊に新選組の名称を与え、正式に認知した。

土方は天にも昇る思いだった。

小寅事件

片や、芹沢は増長する一方である。またも騒動を起こした。

この年八月、大坂町奉行の要請によって、芹沢、近藤の両隊長以下、土方歳三、沖田総司、永倉新八、原田左之助、平山五郎、野口健司、平間重助、井上源三郎の幹部連が同志二十名ばかり引き連れ、いつもの大坂八軒屋の京屋忠兵衛へ落ち着いた。姫路藩主で幕府老中の酒井忠清の警備である。

芹沢は大坂に来ると新町の遊廓・吉田屋へ行き、小寅《ことら》という芸妓を呼ぶのが常だった。

この日は近藤や土方らが吉田屋へ行き、芹沢は永倉新八とともに宿舎の京屋に残っていた。二人で酒を呑んでいたが、やがて小寅と、吉田屋の抱え仲居のお鹿を呼んで宴会を開いた。

その後、布団に入る段になったが、芹沢を嫌っていた小寅は帯を解かなかった。

翌朝、腹の虫が納まらない芹沢は、二人を斬るといいだしたので、永倉は吉田屋に芸妓五十人を集め、玄関で仲居や芸妓に芹沢を出迎えるように命じた。

座敷に上がった芹沢は主人の喜左衛門を呼んだが、留守のため京屋の主人の忠兵衛が対応すると、芹沢は、

「芸妓小寅、昨夜不礼を働いた。依って申し渡す義あり」

と叫び、小寅とお鹿に、男子ならば打ち首にするところだが、婦人であるため断髪を申し付けた。

二人は土方と平山五郎に断髪された。

「やることがえげつない」

芹沢の悪行が、京都でまたまた評判になり、会津藩は芹沢の扱いに苦慮した。

「我らの手で始末する」

若手藩士からは強硬な声もでたが、会津藩が新選組の局長を粛正したとあっては京都守護職に傷がつく。隊規に反すると詰め腹を切らせよと近藤に指令を下した。

「斬るしかないな」

近藤は土方に命じた。

土方は、厳しい隊規を作成した。

局中法度である。士道に背く行為があった場合は切腹という内規だった。

一、士道ニ背キ間敷事
一、局ヲ脱スルヲ不許
一、勝手ニ金策致不可
一、勝手ニ訴訟取扱不可
一、私ノ闘争ヲ不許
右条々相背候者切腹申付ベク候也

「ふん」

土方は、不敵に笑った。

芹沢はどこから見ても局中法度違反に該当する。すでに会津藩からも芹沢抹殺の指令が来ていた。近藤は九月十八日を決行と決め、土方を暗殺実行の部隊長に選んだ。

芹沢もこれでおしまいか。苦み走った土方の顔に殺意が奔った。

第四章　尊王攘夷

黒幕は板倉

時代は尊王攘夷だった。

外国に日本を侵されてはならない。ペリーの来航を機に、開国を決めた彦根の井伊直弼《いいなおすけ》は、腰抜けであり、どこもかしこも攘夷論で沸いていた。江戸の試衛館時代、最も急進的なのは永倉新八だった。

もともと浪士隊のことは、永倉が隊士の募集を小耳に挟んだことが発端だった。

幕府の責任者は松平上総介《まつだいらかずさのすけ》だという。講武所教授方で、遠い先祖は家康の六男松平忠輝《ただてる》と聞いて、

「へええ」

と皆が驚いた。

永倉は天保十年（一八三九）、松前藩江戸定府奏者役兼祐筆・永倉勘治の次男に生まれ、二十二歳で神道無念流《しんとうむねんりゅう》の免許皆伝を得た剣士であった。

のちに近藤と親交を結び、浪士隊に加わる。明治の世を生き、新選組が何たるかを世に残した人物の一人だった。

永倉の話を聞いて物は試し、話を聞いてみようと、近藤ら幹部が牛込の松平上総介の屋敷に出向いた。

上総介は近藤らを客間に通し、

「今度、つのる浪士は、来春上洛する将軍家茂《いえもち》の警護として、京都に出かけるものである」

と説明した。

そして幕府の責任者は老中板倉勝静《いたくらかつきよ》であると告げた。皆大喜びし、これに加わり上洛すると、上総介に申し出た。

稽古が終わると門弟たちは日々、京都の情勢を憂い、国事を議論した。

五番手

江戸の道場といえば北辰一刀流千葉周作《ちばしゅうさく》の神田お玉ケ池の玄武館《げんぶかん》、神道無念流斎藤弥九郎《さいとうやくろう》の九段下の練兵館、鏡新明智流《きょうしんめいちりゅう》桃井春蔵《もものいしゅんぞう》の南八丁堀大富町蜊《あさり》河岸の士学館《しがくかん》が、江戸三大道場と呼ばれた。

玄武館には土佐の坂本龍馬《さかもとりょうま》、幕臣の山岡鉄舟《やまおかてっしゅう》、庄内藩郷士の清河八郎《きよかわはちろう》らの門下生がいた。

士学館からは土佐の武市半平太《たけちはんぺいた》、人斬以蔵こと岡田以蔵《おかだいぞう》、練兵館には長州の桂小五郎《かつらこごろう》、高杉晋作《たかすぎしんさく》、品川弥次郎《しながわやじろう》らが学んでいた。

坂本龍馬も桂小五郎もなかなかの使い手で、桂は塾頭、師範代をつとめたこともある。

さらに心形刀流《しんぎょうとうりゅう》伊庭軍兵衛《いばぐんべえ》の下谷御徒町《したやおかちまち》の道場を加えて江戸四大道場と呼び、その名も高く隆盛をきわめた。

近藤の試衛館は五番手で、武州三多摩で育った農兵の流儀というのが、剣客《けんかく》仲間の評判だった。

伝通院

文久三年（一八六三）二月八日、浪士の集会が小石川の伝通院《でんつういん》で開かれた。

試衛館から近藤ら十三人が参加した。

あてにしていた松平上総介の姿はなく、すでに辞任したということだった。

代わって幕府の責任者は鵜殿鳩翁《うどのきゅうおう》、山岡鉄舟、松岡万《まつおかよろず》、佐々木只三郎《ささきただざぶろう》らだった。

手当は一人五十両。

「ひやあ」

沖田が仰天した。目にしたこともない大金である。のちに応募者が多かったとして一人十両に減らされる。

この時期が、近藤、土方、沖田らが、純粋に夢を見た時期ではなかったかと私は思う。

しかし、この戦略をすすめた老中板倉勝静の本音は、近藤の思いとは大きく異なっていた。

板倉の本音は「目には目を歯には歯を」の報復の論理である。京都で暴れまわる長州やほかの暴徒を武力で殲滅せんとする苛烈な論理であった。

江戸の旗本には気力がない。諸藩の武士団も腑抜けであった。無頼の徒に頼んで、京都にたむろする浪士たちを抹殺するしかないと板倉は考えた。

近藤らは板倉にとって使い捨ての殺し屋だった。何のために京都に行くか、建て前は近々、上洛する将軍家茂を護衛するということだったが、それは方便にすぎなかった。

幕末史にしばしば登場する板倉勝静という人物、幕府瓦解後、土方と運命を共にすることになるとは、このとき、夢にも思わなかったであろう。

板倉は桑名藩主松平定永《さだなが》の八男として文政六年（一八二三）、国替えとなった奥州白河に生まれた。備中松山藩主板倉勝職の養子となり、借金まみれの松山藩を立て直し、奏者番兼寺社奉行に抜擢され、文久二年（一八六二）から老中を務めていた。

京都は反幕府運動が吹き荒れ、日夜、暗殺が横行している。京都守護職会津藩が赴任しても一向に止まる気配はない。そこで板倉が考えたのが、浪士隊の派遣だった。

庄内の男

もともとこの話を幕府に持ち込んだのが、庄内藩郷士清河八郎だった。安積艮斎《あさかごんさい》、東條一堂《とうじょういちどう》らに師事して国学を学び、千葉周作のもとで北辰一刀流をきわめ、神田お玉ヶ池に清河塾を開いた。

清河の本心は、徳川幕府を倒して天皇を中心とする新国家を創ることだった。幕府打倒は薩長のテロリストだけではなかった。その秘密結社、虎尾《こび》の会が結成された。発起人清河八郎のもとに集まったのは幕府講武所の剣道教授方山岡鉄舟、鷹匠の松岡万、さらには薩摩藩の伊牟田尚平《いむたしょうへい》、益満休之助《ますみつきゅうのすけ》、その他浪人諸氏だった。

虎尾とは虎のしっぽを踏みかねない、あえて危険を冒すという意味であった。驚きは随行する幕臣の顔触れである。

山岡は剣道の技術抜群、講武所の世話役となった人物である。後年、勝海舟に登用され、鳥羽伏見の後、益満休之助の案内で薩摩の西郷に会い、江戸無血開城の段取りをつける。

松岡は夜な夜な辻斬りをした。一癖も二癖もある人物ばかりだった。

とんだ餓鬼

清河の生まれ故郷、出羽国庄内の田川郡清川村は最上川に面した農村だが、舟運の中継基地で、なかなかの賑わいを見せていた。

清河の実家、斎藤家はこのあたりの素封家《そほうか》で、酒造を営んでおり、名字帯刀を許され、田地は五百三十石にものぼっていた。

清河は子供の頃から頭がよく、いくつかの逸話を残している。

天保四年（一八三三）の大飢饉のときである。清川村の村人、百三十軒が斎藤家の土蔵に保管されている藩米を奪い取る相談をした。

村は餓死の危機に直面していた。

村人の代表十六人が顔に煤《すす》を塗り、頰かむりをして斎藤家に忍び込んだ。

家の者は一室に閉じ込め、父治兵衛を拉致し、金五十両を奪った。

犯人の顔が割れないため庄内藩の取り調べは難航した。しかし一か月で事件は解決した。

醸造用の大鍋のかげに隠れていた清河が、犯人の声を聞いていたのである。

「おれ、知ってる」

三歳の子供の証言で、十六人は逮捕され、斎藤家はとりつぶしを免れた。

出来過ぎの感もあるが、どうも本当らしい。村人にとってはとんだ餓鬼《がき》であった。

江戸で塾を開いた際、ふとしたことから町人を無礼打ちにしたことで幕吏に追われる身になった。愛妾蓮《れん》も逮捕された。

西国を逃げ回っていたが、これではいつまでたっても埒が明かない。そこで敵のふところに飛び込む奇策にうって出た。

江戸に舞い戻り、京都を鎮静化するための奇策、浪士隊結成を幕府に建言し、罪の減刑を申し出た。

「ううむ、面白い」

板倉がこれをのみ、清河を浪士隊結成の中心に据えた。

もう一人曲者《くせもの》が加わった。

水戸脱藩芹沢鴨《せりざわかも》である。脱藩を名乗っていたが、身分は郷士であった。

無類の暴れ者

『新選組始末記』などの「新選組三部作」で知られる作家・子母澤寛《しもざわかん》が描く芹沢鴨は、無類の暴れ者である。百匁《ひゃくもんめ》の鉄扇《てっせん》を握って、なにか気に食わないことがあると、喉が張り裂けるような声で怒鳴る。

子母澤は、芹沢を近藤の対立軸に描き、『新選組始末記』を書き進めた。

芹沢は、近藤と対立、最後は近藤一派に、惨殺される。

芹沢の実像はどうだったのか。

芹沢は水戸《みと》天狗党《てんぐとう》の残党だった。天狗党は天下を畏怖させた革命家の集団である。首領武田耕雲斎《たけだこううんさい》は、家禄三百石、尊王攘夷《そんのうじょうい》を唱える主君徳川斉昭《なりあき》の側近だった。攘夷実行を叫んで天狗党の乱を起こしたのは、藤田東湖《ふじたとうこ》の四男小四郎で、兵を率いて常陸の筑波山《つくばさん》に挙兵した。

幕府は開国である。

このときは捕らえられ、謹慎を命ぜられたが、それで終わる小四郎ではない。もっと大胆な動きに出た。武田耕雲斎を天狗党の首領に担ぎ、禁裏守衛総督の任にあった水戸出の将軍後見職一橋慶喜《ひとつばしよしのぶ》を頼り、同志一千を率いて京都を目指した。

「ばかものが」

慶喜の命令で全員が加賀で足止めを食い、処断された。開国を決めた幕府にとって耕雲斎は邪魔者だった。

水戸ほど不思議なところはない。

御三家だが、事あるごとに幕府と対立してきた。皇室筋から正室を迎え、京都といかに親しいかが自慢の種だった。

芹沢鴨はその一派だった。年の頃三十四、五歳、背が高く、でっぷり太った色白の男だった。酒を飲むと、水戸烈公、徳川斉昭が詠んだ、

いざさらば我も波間にこぎ出て
あめりか船をうちやはらわん

と手拍子をとって歌った。

水戸烈公は異人が大嫌いだった。

ペリーの艦隊が来たとき、その撃退法を論じた。

艦隊に乗り込んで、酒を振る舞い、どんちゃん騒ぎをして相手を酔わせ、その隙に、水兵を皆殺しにして軍艦を奪うと、大真面目に叫んだ。

大砲も製造したが、ドガンと撃つと、目の前にぼちゃんと落ちる代物だった。

芹沢に国際感覚は皆無だが、相手を威圧し煙に巻くことは得意である。

「役に立つかも知れぬ」

と、板倉が採用に踏み切った。

浪士募集に応じた二百三十人ほどの使い手は一番から七番隊に分けられた。

近藤の道場からは土方、沖田のほかに山南敬助、原田左之助、井上源三郎、藤堂平助、永倉新八が加わり、全員三番隊に編入された。

幕府からは目付鵜殿鳩翁、旗本山岡鉄舟、松岡万、佐々木只三郎が引率者として加わった。

浪士上洛

文久三年が明けた。

二月八日、浪士隊は京都に向かって出発した。

問題はこの男たちの心の中である。

近藤、土方組は、しばらく京都に滞在し、尊王攘夷の実態を把握し、それから今後の行動を決めようと考えていた。芹沢も同じである。ところが清河は違っていた。

将軍家茂の警備が第一の目的である。第二が尊王攘夷の実行を朝廷に嘆願しお墨付きをもらうことだった。幕府ではない。朝廷直属の攘夷実行部隊の編制である。

近藤や土方とは、まったく異なる立場である。

高下駄をはいて、無反《むそり》の長い刀を差してぶらりぶらりと歩く清河は、目のぎょろりとした面長の男で、どう見てもくせ者である。

「土方さん、清河という男、どうも好きになれません」

沖田がいうと、

「あの男が浪士隊をあみだしたのさ。清河のおかげで我々は京に行ける」

と、土方がいう。

そんなものかと思ったが、沖田はなぜか気になる。

六番隊の伍長は村上俊五郎という人で、とりたててどうということもなかったが、五番隊の伍長山本仙之助は甲州一帯を仕切る香具師《やし》の親分である。そんな手合いがゴロゴロしている。

「総司、旗本直参《じきさん》の時代は終わったのさ。普段は威張っているくせに、黒船が来たとき、いの一番に逃げたのは旗本さ。奴らに人は斬れん」

そんなものかも知れないが、だからといって香具師や賭場の用心棒などにわか仕立ての乱暴者になにができるのか。沖田の心に疑念が宿った。

奇妙な集団に旅人の目がそそがれる。人々は遠まきにして、奇異な集団を眺めた。

芹沢激怒

近藤は、取締役池田徳太郎の手伝役に選ばれ、宿の手配のため一足早く先行していたと『新選組始末記』にある。

今回の旅は東海道ではなく中仙道である。

板橋をでて蕨《わらび》、浦和、大宮と順調に歩き、本庄宿まで来たとき、とんだ事件が起こった。

芹沢鴨の宿がないという。

「拙者の宿がないとは何ごとだ」

と、わめき散らし、近藤が謝っても聞く耳持たずである。

「土方さん、斬りましょうか」

沖田はこともなげにいった。

仮にも試衛館の師範代である。道場主の近藤先生がこれほどまでに罵倒されて、黙っているわけにはゆかない。

「バカなことをいうな。芹沢には子分がいる。手だしはできんぞ」

土方が真顔になった。

沖田とて、確信があるわけではないが、芹沢鴨はスキだらけだ。短気でわがままな乱暴者にすぎない。一気に攻めれば、斬り殺すことはできる。沖田はそう踏んだ。

芹沢は一晩中、騒いでいた。

「今夜は篝火《かがりび》をたいて暖をとり申す！」

宿場の真んなかに、火を焚いて大騒ぎである。

近藤と土方が平身低頭してなだめ、ようやく焚火を消し止めた。

ところがである。この話、どうもフィクションだという。

本庄宿は作り話

知人の維新史研究家あさくらゆうさんが、昨今『新選組を探る』を執筆、本庄宿で、火を放ったという従来の芹沢鴨イコール暴れ者のイメージは創作と断定した。

火を放ったという史料的証拠はないというのである。

この話、子母澤寛の『新選組始末記』の冒頭に出てくる強烈なシーンである。その原典は永倉新八の『新撰組顚末記』、小樽新聞に大正二年三月から連載され、昭和三年八月に刊行された本である。

永倉は、

「本庄宿の夜は天を焦がさんばかりの大かがり火に照らされ」

と書きまくっていたので、子母澤が引用したとしても不思議はない。それを明確にしたのが、あさくらさんだった。

いままでの通説では、芹沢という人物は、新選組の筆頭局長でありながら、酒食や女色にふけり、商家からは金銭を強要し、あげくの果ては自身の欲望のために無事の人々を殺害する等、狂人として描かれている。最後に近藤勇一派の正義の剣をもって、制裁を受けるというのが、いつもの筋書きだ。ところがである。

本庄宿には本陣が二軒あり、そのうちの一軒、田村家に控え帳が残っており、一行が泊まったとされる二月十日、宿泊したのは、小十人組頭、明楽八郎右衛門以下十一名だけだった。

さらに山梨県富士吉田市歴史民俗博物館が所蔵する私記には、近藤の道中宿割りの辞令が二月十四日付けだった。

本庄に泊まった時、近藤は道中宿割りの任になかったことになる。

しかも二月十日は、本庄ではなく、一行は下諏訪まで進んでいた。

「これらのことから総合的に判断すると、本庄かがり火事件は、後に作られたフィクションだったと考えられる」

あさくらさんは断定した。

永倉新八は何を狙ったのか。

芹沢は三番隊長というポストに不満を抱いており、常に引率の幹部に文句をつけていた。

これを永倉が針小棒大に表現し、

「面白い話だ」

と子母澤が取り上げ、かがり火事件が有名になったのかもしれない。

人間の記憶はあいまいである。永倉が日にちを間違えたことは十分にある。

道中、火をつけるなどと騒いだことはあったかも知れない。

京都入り

一行は文久三年（一八六三）二月二十三日、京都に着いた。

会津藩は、幕府からの知らせで浪士隊編制の狙いは十分に承知していた。

会津藩としては、如何なる手合いが来たのか、まずは見なければならない。公用人の広沢富次郎が担当を命ぜられ、一行を出迎えた。

長刀を差し、髪を伸ばした異様な風体《ふうてい》の集団だった。人は恐ろしげに彼らを見つめた。

京都では壬生《みぶ》村に分宿した。

鵜殿ら幕府の役人は前川荘司宅、清河は寺宿田辺吉郎方へ、近藤ら試衛館組と芹沢鴨は八木源之丞宅に泊まった。

その他は前川荘司の屋敷などに分宿した。

江戸を発って十六日目のことである。

なぜ壬生村が選ばれたのか。

前川本家は京都では屈指の豪商で、御所および京都所司代の公金の出納を担当し、町奉行の資金運用も一手に任されていた。

桜が咲きほこる京の春も今年ばかりは殺風景だった。かねてかくあるべしと江戸で募られた浪士隊、このときこそ将軍家警護の責をつくさねばならぬと張り切った。

ところが清河は独自の行動にでた。

清河の本心

この夜、清河は新徳寺に皆を集め、浪士隊上京の目的は、天皇に忠義を尽くすことにある、と建白書への署名を求めた。

翌日、清河は、学習院国事参政掛に建白書を提出し、

「我等は幕府のお世話で上洛したが、ただただ尊王攘夷のために働くものである」

と訴えでた。

これを受けて朝廷側は速やかに攘夷をおこなうべしとの勅諚《ちょくじょう》を清河に下し、清河は天にも昇る思いだった。

清河の脳裡にあったのは、これよりさき文久二年、薩摩の島津三郎久光《ひさみつ》が江戸からの帰途、武州鶴見河畔生麦《なまむぎ》で行列を横切った英国人を無礼打ちにした生麦事件である。

英国側は島津を引き渡すか、賠償金をだすか、それとも軍艦をさしむけようか、と強硬姿勢で、のっぴきならぬ事態になっていた。

清河はまたも新徳寺に皆を集めた。

「例の生麦事件で英国は、事と次第によっては、軍艦をさしむけるとまで脅迫いたしている。われらもとより夷狄《いてき》をはらう急先鋒にと存ずるにより、まず横浜にまいって鎖国の実をあげ、攘夷の先駆をいたさん」

と演説した。

反旗を翻したのが、芹沢と近藤だった。

清河を斬れ

知らせを受けた板倉は激怒、

「清河を斬るべし」

と会津藩経由で残留組に厳命を下した。

永倉新八の『新撰組顚末記』に詳しい記述がある。

清河の周辺を探ると、清河が山岡鉄舟と一緒に、土州藩公の宿舎にあてられた大仏寺へでかけることがわかった。

「好機逸すべからず」

と二手に分かれて待ち伏せし、斬り伏せることにした。

芹沢は新見、山南、平山、藤堂、野口、平間の六人と四条通り堀川に、近藤は土方、沖田、永倉、井上、原田の五人を同行して仏光寺通りの堀川で待ち伏せることにした。

夜もふけて人通りもなくなった頃、清河、山岡の両人は四条の堀川を通りかかった。

芹沢は足音をしのばせて清河のうしろから抜き打ちにしようとしたが、ふと山岡の懐中に御朱印のあることに気づいてハッとしりぞいた。

御朱印は将軍家から山岡と松岡万にあたえられた手形である。

御朱印に剣をかざすは将軍家に敵対することを意味した。清河は危ない命を助けられた。

三月二十三日、清河八郎は同志をうながして江戸へ向かった。これに佐々木只三郎が同行した。

その後の清河は、まず浅草蔵前の豪商をおびやかして莫大な金を集めた。彼は軍用金調達のうえ横浜を鎖港し、小田原の大久保加賀守を襲ってその居城を奪い、京都に潜伏する薩摩、長州、土佐などのテロリストと呼応して徳川幕府を転覆せんと企てたとされる。

第五章　血の軍団

土砂降りの夜

芹沢が殺されたのは、文久三年（一八六三）九月十六日である。

この夜、島原の角屋《すみや》で新選組の会合があった。この日は朝から雨、夜になって土砂降りになった。

十日ほど前、芹沢の同志である同じ局長の新見錦が、祇園の遊女屋で、士道に背き勝手に金策したことで切腹となった。

この日の宴会、芹沢には何も相談がなかった。このためなにか仕組んでいるのではないかと、芹沢はじろりと近藤、土方をねめ回した。

土方は素知らぬ顔で芸妓と話をしている。見た目にはいつもと変わらない。

「先生、おひとつ」

と芹沢の前に次ぎ次ぎに隊士がすわる。

それぞれ思い思いに輪をつくり、女の手を握って離さない。呑むほどに酔うほどになんともだらしがない。やがて割れ鐘のような声で天下国家を論じていた芹沢が、突然、

「帰るッ」

と、叫んだ。

腹心の平山五郎、平間重助も立った。

さとられたか。今夜は決行の日である。

沖田は一瞬うろたえた。

「呑みなおしだッ」

芹沢たちはどんどん出て行く。

沖田が芹沢らを送って座敷に戻ると、近藤と土方がひそひそ耳打ちをしている。

「諸君、今宵は無礼講だ。心ゆくまで呑みたまえ。私どもがいない方が気を使わなくていいだろう」

気をきかせたような形で、二人は角屋をでた。

「沖田、戻るぞ、芹沢は必ずいる」

土方がいった。

お梅

壬生の八木屋敷では、芹沢が大声あげて呑んでいた。このところ片ときも離さないのが、四条堀川の太物問屋の妾、お梅である。

平山は桔梗屋《ききょうや》の小栄、平間も輪違屋の糸里をつれこんでいる。

嬌声が屋敷中に響く。男たちは上半身裸で、冷や酒をあおる。ぐでんぐでんに酔っている。

「沖田、お梅も一緒にやるしかないな」

土方は声をひそめる。

原田左之助、山南敬助も加わり、暗殺隊は四人である。

やがて芹沢の部屋が静かになった。平山と平間は隣の部屋に寝たのだろう。

あの蛆虫《うじむし》野郎をぶった斬ることができる。沖田は芹沢とお梅の淫らなからみ合いを連想し、心臓を高鳴らせた。

芹沢の部屋は玄関から奥の突き当たりの十畳間である。玄関右側の部屋に平山と平間がいるはずだ。隊士たちがいつ帰ってくるかわからないので、玄関はあけっぱなしである。

「原田、山南で平山と平間をやれ。総司、オレについて来い」

四人は、すっと玄関に入った。

修羅場

土方が手をあげて三人を抑え、そっと奥の部屋の障子をあけた。屏風をはさんで二組の男女が寝ている。

「ここから殺《や》る」

そっと沖田に耳打ちするや、どんと障子をけとばして踏みこんだ。

「総司、こっちだッ」

刀架けのある方を土方が指した。

「ウヌッ」

沖田の白刃が一閃したと見るや、蒲団の上からぶつりと突き立てた。

「ギャッ」

と、物凄い声をあげて、真っ裸の芹沢が飛び起きたところを土方が斬った。ビューと血が飛ぶ。芹沢はころがるように縁側にでようとする。

「この野郎ッ」

沖田が背後から突いた。

原田と山南は寝ている平山を叩き起こし、上段に構えて斬った。

どさっと首が落ちた。

お梅が裸体のまま半狂乱になって泣きわめく。引き返した沖田がお梅を突いた。倒れたところを原田が叩き斬る。頭がくだけ、顔も髪もごたごたになった。

「よし、引き揚げだ」

土方の合図で、沖田らは闇のなかに消えた。平間だけは、なぜか奇襲を免れ、これも素っ裸のまま下帯一本で、

「どこに行った、どこに行った」

と、刀を抜いて叫び回っていたが、そのうちどこかに遁走した。相手は近藤一派と気づいたのだろう。

壬生ばなし

子母澤寛は、この事件を『新選組遺聞《しんせんぐみいぶん》』で詳しく書いている。

子母澤は壬生の宿舎提供者、郷士の八木源之丞の息子、為三郎から聞いた話「八木為三郎老人壬生ばなし」で、芹沢暗殺の全貌を知った。明治以降である。

この日、源之丞は留守だった。母と為三郎、弟の勇之助が、留守番をしていた。

夜中の十二時ごろ誰か玄関を開けて入って来た。

母が、今時分誰だろうと覗くと、体つきからどうも土方のようだった。

すると土方が音をしのばせて部屋をのぞき、出て行った。それから二十分も過ぎると今度は四人が、激しい勢いで飛び込んできた。

そして有無を言わせず、芹沢を刺した。

母のギャーという声で、為三郎は目を覚ました。

「殺された、殺された」

母は半狂乱だった。

血の海

為三郎も恐いもの見たさに部屋を見た。芹沢が下帯もないすッ裸で、全身何処が斬られているのか、血だらけになって、蒲団の上へつっ伏していた。

とにかく部屋は血の海だった。

お梅は、これも何処を斬られたのか顔も髪も血だらけになって死んでいた。

家内中大さわぎで、一人は前川方へ知らせに走る、一人は行燈やら蠟燭やら昼のようにつけるという次第で、

「首がもげそうだ、動かすな動かすな」

などといっていた。

平山は首が胴から離れていた。これは、立ち上がるも、枕元の刀へ手をかけるもない、ぐうぐうねむっている中に、いきなりやられたのだった。

一緒に寝ていた女は、もうその辺にはいなかった。折好く便所へ行っていて助かった。

落着きはらった近藤

為三郎と弟が母につれられて、親類の家へ行こうとしているところへ、三、四人隊士をつれて、近藤勇

がやって来た。ちゃんと袴をつけて、悠々と落着いたものだった。母に、

「どうも見苦しい有様をお目にかけてお恥かしい事です」

といった。

何でも、こちらから下男が知らせに行って、どんどん門を叩くと、すぐ門を開けてくれ、芹沢さんがこれこれだというと、

「ちょうど近藤先生もまだお休みではないから」

といって、若い侍が引っ込むと、すぐに近藤が奥から出て来たのだという。

近藤は母へ、

「怪しい者は来なかったか」

などといっていたが、後で母が申すに、

「どうも恐いながらおかしくて仕方がなかった。自分がたった今殺しておいて、前川へ帰ったかナと思う頃に、もうちゃんと着物を着かえてすましてやって来ているのだから」

と顔をしかめた。しかし、母はずっと後までも、この芹沢を殺したのは、土方一味だという事は口外しなかった。どこでどんな事になるかも知れなかったからだった。

三つの死骸

後でいろいろと聞いた話だと、近藤はすぐに芹沢と平山の死体に着物を着せ、一方、誰かにいいつけて平間重助の行方をさがさせたが、平間は離れ家の方にもおらず、手廻りの品なども見えないので、これは脱走したという事になった。

この芹沢暗殺は、近藤一味も余程秘密にやったものと見え、土方でも沖田でも、それらしい色も見せな

かった。永倉新八など、その晩は島原に泊り込んでいてなんにも知らなかった。

ずっと明治の後になって、永倉と逢ったら、

「近藤の差し金には相違ないが、あんなに生死を誓った自分にさえ遂々本当の事はいわなかった。しかし大体刀を振るったのは、土方、沖田、原田、井上などではないかと想像している」

と話してくれた。

お梅の遺体は西陣の里で引き取った。

近藤の弔辞

翌々日、九月二十日に芹沢と平山の葬式があった。芹沢も平山も寝棺で、傷はすっかり白木綿で巻いて、紋付の羽織、袴をつけさせ、木刀を抱いて納めた。

坊さんなども大勢来て、近藤は、隊を代表して弔詞を読んだ。

土方は、

「どうもとんだことになり申した。我らの油断でござった。長州の剣客が大胆不敵にも芹沢先生を襲ったと思われる」

と弔問客に頭を下げ、

「あの芹沢先生が殺られたのだから相手はなかなかの使い手と見える。しかも証拠一つ残さず去ったのは敵ながら天晴れでござる」

などとつけ加えていた。

もうひとつの背景

あさくらゆうさんは、もう一つの背景を指摘した。

大坂で小寅事件を起こしたころ、芹沢は十五名で有栖川家を訪れ、警備を賜りたい旨の嘆願をしていた。会津藩を無視してこのような行動に出たことは、大失敗だった。会津藩は激怒した。

有栖川家は、天皇にも幕府にも近い存在である。芹沢の悪名も知っており、会津藩に苦情がよせられたことは、間違いなかった。

清河は佐々木只三郎に斬られ、芹沢は近藤勇一派に粛清された。

かくして鉄の軍団、近藤新選組が誕生する。

土方の手紙

この頃の日々を記した土方の書簡がある。

東京・町田市の小島資料館に文久三年十一月付、小島鹿之助宛の土方歳三書簡がある。そこには、日々のもてぶりが記述されていた。


拙義どもを報国有志とめがけ、婦人慕い候こと、筆紙に尽くしがたく、まず京にては嶋原花君太夫、天神、一元、祇園にてはいわゆる芸子三人ほどこれあり、北野にては君菊、小楽と申し候舞子、大坂新町にては、若鶴太夫、ほか二、三人もこれあり、北の新地にてはたくさんにて筆にては尽くしがたく、まずは申し入れ候。

（『土方歳三、沖田総司全書簡集』）

とあった。

美男子の土方である。モテモテの日々だった。その中の一人との間に娘がいたともいわれる。しかし娘は早世し、その女性も所在が分からず、北野の君菊ではないかともいわれているが、定かではない。

土方の最もいい時代がこの頃だったと思われる。やがて日々激動の時代がやってくる。

第六章　傭兵部隊の宿命

隊員増強

池田屋事件以降、新選組は会津藩の傭兵部隊として、重要な役割を荷うことになった。市中取締の全面的な委任である。

それが傭兵部隊の仕事だった。

数十人規模では、物足りない。百人でも二百人でも欲しいところだった。

近藤は旧知の伊東甲子太郎《いとうかしたろう》を訪ね、勧誘した。

伊東は江戸深川佐賀町で道場を構える北辰一刀流の使い手で、学問も出来た。弟の三樹三郎ら二十人を入隊させることができ安堵した。

京都に戻ると、将軍家茂は京都を離れ、江戸に戻っていた。せっかく上洛したのに、なんら、基本方針を立てず、突然江戸に帰ったことに近藤の不満が爆発した。

近藤は会津藩公用方を通じて幕府老中に新選組の進退伺いを出すに至った。

自分たちは昨年上京以来、八月に市中見廻りを命じられ、懸命に勤めてきたが、自分たちは市中見廻りのために募集されたわけではない。

長州攻撃や横浜鎖港などで働くことがないならば解散したいと、訴えたのである。

その背景には、近藤が芹沢鴨の暗殺以来、専制をほしいままにしていると思う隊員たちの不満もあった。副長助勤の永倉新八、斎藤一、原田左之助らである。これに調役の尾関政一郎、島田魁、葛山武八郎らとも語らい、六名とも脱隊の覚悟をもって会津侯に建白書をだした。

これは会津藩公用方が止め、事なきを得たが組織の運営は、何かと困難なものだった。

伊東兄弟に疑念

また江戸から連れ帰った伊東甲子太郎に参謀という前例のない破格の優遇をあたえ、その実弟三樹三郎を副長助勤とおなじ格の組長に任命したことに隊員の不満が爆発した。

伊東は水戸藩につながる人物だった。

水戸藩領、常陸《ひたち》国志筑《しづく》に天保六年（一八三五）、郷目付鈴木専右衛門の長男として生まれた。九番隊長組長の三樹三郎は二歳下の弟である。

水戸で剣術修行をした後、江戸に出て北辰一刀流の伊東精一郎の門下生になった。見込まれて娘婿になった。このころは大蔵《おおくら》を名乗っていた。

新選組に入隊して、甲子太郎を名乗った。

甲子太郎にとって、新選組への入隊は、結果的に見れば、誤りだった。

水戸の尊王攘夷の流れを汲む勤王思想の持ち主で、水戸で就学時は、藤田東湖や会沢正志斎《あいざわせいしさい》の著作を読破し、水戸学を学んだ人物であり、土方の佐幕攘夷とは本来、相いれないものだった。

「伊東を参謀として待遇する」

と、近藤から聞いたとき、土方は、

「そうですか」

といって特に反対もしなかったが、その涼しげな表情を見て、人を斬れない男だと直感した。

新選組は本来、壬生浪である。長州の反幕府集団と斬り合いを演じている会津藩預りの戦闘部隊である。高邁な理屈をもてあそぶ集団ではない。

「いずれこの男、裏切るだろうな」

というのが土方の見方だった。

思い付き

近藤は思い付きで人事をいじる性癖があった。自分の一存でどんな人事でもいじれる。それが意外な波紋を引き起こすことに思いが至らなかった。実は土方も近藤の人事にはいささか違和感があった。

新選組は近藤、土方ラインで作り上げた組織にもかかわらず、近藤は山南敬助を筆頭副長に据えた。

山南は仙台藩士の出で、ある時、武者修行のつもりでぶらりと試衛館に立ち寄り、以来門人になった人物である。

熱烈な尊王攘夷論者で、近藤もそれに傾倒していた。しかし土方は尊王攘夷論者ではなく、明確に佐幕派だった。

幕府を支援するために京都にやって来たのだ。新選組を預かる会津藩の公用人も尊王攘夷論者ではない。幕府は開国であり、決して孝明天皇にひれ伏しているわけではない。

ただ一人、松平容保が、朝廷の人質になり、孝明天皇の隷《しもべ》になったように仕えている。

公用人の戸惑いは隠せない。

尊王攘夷は、薩長に利するだけで、幕府には何らの利益もないのだ。薩長の尊王攘夷は、孝明天皇を取り込む方便にすぎないのだ。

土方はそのことに常に疑問を感じてきた。

散々斬りまくった長州の浪士も尊王攘夷である。近藤が志向する尊王攘夷と久坂玄瑞らが志向した尊王攘夷は、どこが違うのか。

土方は安易な尊王攘夷には、納得がいかない立場だった。

近藤は伊東の参謀就任に合わせ山南を副長から外し総長に任じた。

総長は局長の下に位置し、副長の上に位置するというのである。

「実務は従来どおり局長、副長でやる」

といった。では総長とは何なのか。わかったようでわからない。

総長と副長、参謀と副長、その関係はどうなるのか。最近の近藤の人事は、組織に混乱を招きかねないものだった。

土方は利口な男で、決して近藤と波風は立てない。しかし新選組は自分がリードするという自負心がいつもあった。

山南も悩んでいた。

伊東が来るまでは、山南が新選組の知性を代表する人間だった。ところが伊東が参謀になると、山南はどういう立場になるのか。

お前はお払い箱だよということか。

近藤は冷たい男だと山南は孤独感に襲われた。

そのころ、土方は壬生の屯所は手狭になったので西本願寺の太鼓番屋に屯所を移すことを考え、西本願寺と交渉を始めていた。

土方は強引である。

山南はこれも気に入らなかった。

西本願寺門主大谷広如《おおたにこうにょ》は勤王派の僧として知られ、朝廷に献金するなど、土方には面白くない人物だった。

山南は大谷と通じており、土方のやり方は不快だった。

山南は島原の明里《あけさと》を落籍し愛の巣を構えていたので、嫌がる西本願寺に占拠するまでもないと近藤に注進したが、取り上げてはもらえない。

そのころ、山南は伊東甲子太郎と話す機会があり、伊東の思想にほれ込んだ。

伊東はいつまでも新選組にはいないと直感した。その時は自分もかもしれない。そう感じた。

山南の切腹

慶応元年（一八六五）二月二十三日、山南敬助が突然、新選組を脱走した。試衛館以来の隊士である。

皆、

「えッ」

と驚く事件だった。

山南は一目散に近江国大津まで落ちのびた。その際、一通の書置きを残していたというが、そこにどこに逃げるかまで書いてあったとは思えないのだが、近藤は書置きを見るや沖田総司に追跡させ、沖田は難なく山南を捕えた。

やや不可思議な事件だった。山南が誰かに漏らさない限り、大津に逃げたことは分からないはずである。

にもかかわらず沖田は、いともやすやすと山南を捕らえているところを見ると、愛妾から聞き出すとか、何か裏があったのではないかと思いたくなる。

屯所に引き立てられると、近藤は、副長土方や沖田、斎藤などの幹部達をともなって現れ、列座の面前へ山南を呼びだし、

「新選組法令に脱走を禁じ、犯すものは切腹を命ずるよう規定してある。貴君のこのたびの脱走についても、法文のとおり切腹をもうしつける」

と申し渡すと、山南は自若として、

「切腹を命ぜられてありがたきしあわせにぞんずる」

と顔色をも変えず、即座に黒羽二重の紋付に衣服をあらため布団をしいて中央に正座し、いならぶ一同にながながの交際を謝し、水杯をかわしてねんごろに別辞をのべたという。

介錯は沖田にたのみ、小刀をとりあげて下腹をズブリと刺し、真一文字にひきまわし前方へ突っぷした。

そのみごとさに近藤も、

「浅野内匠頭でもこうみごとにはあいはてまい」

と賞讃し、遺骸は神葬で壬生寺に厚く葬った、と永倉は書き残した。

何処かよくわからない、不可解な事件だった。

八木為三郎の話

子母澤寛が切腹の場面を、壬生の八木為三郎翁の話として『新選組遺聞』に書いていた。八木翁の話は、このような出だしで始まっていた。

あれは丑年（慶応元年）の二月二十三日です。七ツ時（午後四時）だったと思いますが、

「山南さんが切腹する」

ということを誰か私の家へ知らせた人がありました。春の初で、もう黄昏でした。どうも不思議な話で、あんなに新選組の中でも勢力があり、まして最初から近藤と一緒に来て、一緒にここへ残った人なのに、そんな筈はないと思いましたが、急いで父も出かけて行ったので、私も後からついて行きました。

丁度、私の家の門を私が出た時に、大急ぎで前を通る女があるのです。見るとそれが、かねて山南と馴染んでいた島原の天神の「明里」という女で、私共でも顔は知っているものです。歯を喰いしばって、眼を釣上げていました。

私も、おやッと思いましたが、言葉もかけずに、門の前に立ったまま、見ていると、明里は、前川方の西の出窓（坊城通りに面す）の格子のところへ走り寄って、とんとん叩きながら何かしきりに叫んでいます。それが只事ならぬ様子なので、私も次第に側へ寄り、明里のうしろ十間位も離れたところで、黙って立って見ていました。

明里は、

「山南さん、山南さん」

といっていたようです。暫くすると、格子戸の中の障子が内から明いて、山南敬助の顔が見えました。私もはッとしましたが、明里は格子へつかまって話すことも出来ずに、声をあげて泣きました。

山南のこの時の顔は、今でも、はっきり思い出せますが、何とも云えない淋しそうな眼をして、顔色が真青になっていました。

明里は、二十一、二位の者でしたが、実にどうも美しいというよりは、上品な女で、まず中流以上の武士の妻としても恥かしからぬ位の姿でした。

あれだけの人物が、どうして切腹させられるようになったのか。当時は、

「山南先生は脱走したので隊規により処断されたのだ」

といっていましたが、自分達で新選組をこしらえておいて脱走するとも思えませんし、どうもおかしいことです。

これが八木翁の回想だった。

「おかしいことです」

この言葉が妙に残る話だった。

土方からすると、これで邪魔な男は一人消えたことになった。

新選組本陣

三月、西本願寺は土方に押し切られ、本堂北の集会所を貸した。

新選組は会津藩の傭兵部隊である。これは周知の事実であり、新選組に逆らうことは京都守護職、会津藩に逆らうことを意味する。

集会所は、全国の門徒が本山参りのときに使う六百畳敷きの大広間だった。

近藤は大喜びで、集会所に「新選組本陣」の看板をあげた。

早速、大工を入れて大広間をいくつかの小部屋に仕切り、湯殿から牢屋までつくった。

練兵場も設け、会津藩から交付された大砲二門を並べ、オランダ式の訓練も始めた。

毎日、朝から二門の大砲を発射するので、僧侶の極楽の瞑想はたちまち破られ、破れ布団のなかに潜り込んで耳をふさいだ。

ある日、門主が剃髪しようとしたところ、大砲の音で後ろにひっくり返った。

「大砲の訓練をやるのなら、前日に断ってもらいたい」

と門主がおそるおそる申し入れたが、取り上げられるはずもない。

逆に面白がってドンドン撃つ。小銃の実弾訓練も始め、危なくて仕方がない。大砲は音響が激しいので、本堂の屋根瓦がガタガタと落ちてくる。

寺側の困惑は限界を越えた。

そのうちつかまえてきた不審者を牢屋にぶち込み、縛り上げて拷問し、揚げ句の果てに首まで斬った。いまや西本願寺は断獄刑場になり果てた。

町のなかの苦情処理は京都所司代、京都町奉行の職権だが、新選組は治外法権である。手だしなど出来るはずもない。

門徒は怖がって近寄らなくなった。

幕府の医師松本《まつもと》良順《りょうじゅん》がこの頃、西本願寺屯所を訪ねている。

松本は江戸で近藤に会っており、旧知の仲だった。

早速、近藤、土方の案内で屯所を見て回った。刀を磨ぐ者、鎖帷子を補修する者、なかなか勇壮だった。しかし寝室はひどい有様だった。病人がゴロゴロしていた。着ているものも汚く、衛生状態は最悪だった。

「裸体にて陰部を露わす者あり」

と自伝『蘭疇《らんちゅう》』に書いている。松本は病室をつくることを勧め、そこに病人を移動させ、風呂場も設け、肌を清潔にさせた。

会津藩の医師が毎朝、巡回して指導した結果、病人は半減した。これは大変いい話だったが、病気の間はゴロゴロしていても、元気になればたちまち暴れて大砲をぶっ放す。それがひどくなる一方だった。

会津の仲裁案

西本願寺は、会津藩に善処を求めた。こうなると会津藩も放置は出来ない。新選組に屯所を変えてもらうしかない。

小森久太郎が、

「市中で発砲するのは御所に対してはばかりがある」

と近藤に屯所の移転を求めた。

近藤も会津藩には逆らえない。近藤はしぶしぶ承諾したが、怒ったのは土方である。

西本願寺側が会津藩に泣き付き根回ししたに違いないと、翌日からその復讐が始まった。なにかといっては西本願寺側に文句をつけた。

「ならば、屯所を斡旋ねがいたい」

土方にすごまれ、西本願寺では不動堂村に一町四方の土地を購入して、宿舎を建てて提供することにした。

移転はそれから一年後の慶応三年（一八六七）六月になる。

新屯所は御殿のような邸宅で表門、高塀、玄関、長屋、使者の間、長廊下、諸士の部屋、近藤・土方の居間、客舎、馬屋、物見櫓、仲間・小者部屋となんでもあり、至れり尽くせりの建物だった。

会津藩の財政は大赤字で、幕府の負担も望むべくもなく、費用はすべて西本願寺が負担した。西本願寺にとっては邸宅の一軒ぐらいは、別にどうということもなかったようで、新選組が移転すると、

「疫病神を追い出した心境」

と門主および一家、門徒は拍手喝采だった。

岩倉実相院

京都市左京区に名刹中の名刹、岩倉実相院がある。この寺は格の高い門跡である。門跡とはもともとは弘法大師や慈覚大師の門跡というように一門の祖跡を指したが、その後、皇族など家柄の高い人が出家して住持となる格の高い寺院を指すようになった。

そこに仕える坊官が二百六十年にわたって書き続けた膨大な『実相院日記』があり、そのなかで貴族たちが連日、花を咲かせた世間話がつづられ、一橋慶喜も松平容保も新選組もよく登場していた。

「くぁいず、とは、いずこの藩だ」

と、当初、京都の人々は会津藩に冷たかった。元治元年になって、会津藩もようやく認知されてきた。

慶応元年（一八六五）五月九日には、こんな風刺が出ていた。

「近ごろ成獣が美濃の山中から出て来た。東国の深山で成長し、田畑を踏み荒らし、武蔵野に出て、貘《ばく》という獣と馴れ合い、ちかごろ叡山の麓に住み、その形は馬のごとく鹿のごとくである」（『京都岩倉実相院日記―下級貴族が見た幕末』）

この成獣は慶喜を指し、大馬鹿者とけなされていた。京都の人は関東や東北を低く見ており、慶喜も容保もはじめから人気はなかった。

加えて会津の侍は遊びが下手で金払いも悪い。薩摩、長州の藩士は花柳界で派手に使うので、どうしても街の人気は薩長に傾いた。

「会津の侍は、背中に握り飯をくくりつけて歩いている」

という噂もたったほどで、冷ややかな目を意識しながら会津の侍たちは苦闘していた。

藩財政がひどい赤字で、祇園や島原で遊ぶ金がなかったのである。

平野屋武兵衛の日記

平野屋武兵衛は幕末から明治のはじめまで大坂で酒造業や貸家経営、白粉製造などを展開した大坂の経済人であった。

本家は有名な大両替商平野屋五兵衛で、ここの主人の相談役も務めていた。

武兵衛は、元治元年七月八日の日記に、

「京都は長州人が入り、かれこれ騒がしい。中川宮さま、会津さま、二条さまお引きの噂がある。会津さまは評判悪く、薩州さまも不評、大坂御城代も不評とのことである。御老中も追々御退役のようである」

と書いていた。これを読むと、今の政治は皆だめだと長州に同情し、将軍家茂の上京も、

「前後雑用、町人より出銀はなはだしく多い」

と歓迎していなかった。

近藤はこの時期、多額の軍資金を会津藩の名前で大坂から集めていた。

借金の相手は、鴻池善右衛門、加島屋作兵衛、辰巳屋久左衛門、米屋平右衛門らで、銀六千六百貫、金に換算して七万一千両を集めていた。

強奪にあらずといったが、信じる人はいなかった。商人にとって新選組は大迷惑だった。

新選組と会津藩に逆風が吹いていた。

隊規の遵守

新選組も隊員が百五十人を超えると、玉石混交、様々の人間が集まっていた。喧嘩口論、遊興費稼ぎ、女とのもめごと、遂には斬り合いと不祥事が続発していた。

その取締りの責任者、諸士調役兼監察が土方歳三だった。土方ほど甘いマスクの男はいなかった。女に

ももてる。つい気安く接しがちだが、土方の素顔は正反対だった。

強情で非凡、近藤が新選組組長として君臨できたのも、土方あればこそだった。

土方がもっとも嫌ったのは、士道に背く破廉恥《はれんち》な行動だった。

芹沢鴨はその典型だったし、その他限りなくそういう人物は粛清してきた。

それから自分にとって不都合な人物も容赦はしなかった。

例えば山南敬助である。

山南敬助も土方にとっては邪魔な人物だった。新選組のナンバー2は自分だという自負心があり、他人の介在は許さなかった。

必要のない人間は斬る。

そういう冷たさも持ち合わせていた。

諸士調役兼監察の職務は、
一、浪士の探索と情報収集
二、隊士の隊規違反に対する取締
三、外部との外交折衝
四、訴訟の取り扱いと審理
五、隊士の働きの検分と論功行賞の具申
六、隊士の世話役、人事に関する庶務
七、会津藩公用方との連絡調整
で、主な担当者は島田魁、篠原泰之進、山崎丞、尾形俊太郎、服部武雄、吉村貫一郎、新井忠雄、芦谷昇、大石鍬次郎、大槻銀蔵らで、斎藤一も一時期監察だった。

監察部登用の条件としては、武術に秀でていることはもちろんだが、それに加えて筆が達者であること、護衛の役目も果たせる人間であること、若い隊士の相談に乗るために人生経験も必要とされた。

隊規に違反し、文久三年から慶応二年にかけて粛清された人物は四十余人に及んだ。

土方が最も警戒したのは、薩長に通じ、裏切りに及ぶ反幕府派だった。

それが伊東一派であった。

土方は伊東のことを最初から疑念のまなざしで睨んでいた。

第七章　孝明天皇の死

粛清の対象

幕府は慶応元年（一八六五）九月、長州訊問使《じんもんし》として大目付永井《ながい》尚志《なおむね》を広島に派遣した。随行者は近藤勇、伊東甲子太郎、武田観柳斎、山崎烝らだった。

近藤は伊東を買いかぶっていた。伊東の本音は、近藤の抹殺であり、それを土産に薩長側に寝返ることだった。ひそかに薩摩、長州にも接触していた。

伊東の勧誘には藤堂平助も関係していた。

藤堂は勤王派である。

「近藤は幕府の爪牙《そうが》となって勤王の志はまったくなくなった。かくなる上は近藤を殺し、貴君を隊長に抱き、新選組を勤皇党に改めん」

と耳打ちしていた経緯《いきさつ》があった。

藤堂は近藤の行動に疑問を抱き、近藤抹殺をひそかに狙っていた。

新選組は、ある部分、仲間の粛清の繰り返しだった。

昨今、世に出た菊地明氏の『新選組粛清の組織論』は、得難い作品である。

「新選組は浪士の集団であり、出自も下級藩士の脱藩者や農民・町民と様々であり、彼らを律するためには避けられない選択だった」

と、記述した。

同時に、

「新選組は当時の一般認識である『尊王攘夷』を唱えて隊士を募集していたが、攘夷の主体を幕府に置くか朝廷に置くかという、親幕と反幕という方向性の違いが、時とともに鮮明化され、それが対立点となって粛清や脱走の大きな理由となっていった」

というのも明解な表現だった。

その意味で明確に朝廷サイドに立って反幕府を志向する伊東甲子太郎一派は、土方にとって明確に粛清の対象だった。

近藤は土方のように、物事をクールに判断する冷静さがなかった。ときおり、実力以上に背伸びする傾向があった。伊東をつれて二度にわたって広島に出張した背景には、「自分が長州問題を解決してやる」という気負いがあった。

伊東には絶対の信頼を寄せ、自分を殺そうとしている伊東の内面を見抜くなど近藤には不得意なことだった。

一人よがりの近藤

歴史家奈良本《ならもと》辰也《たつや》が、『維新史の中の新選組』で、

「近藤など出る幕ではなかった」

と切り捨てた。長州と話ができるのは勝海舟ぐらいなもので、広島に近藤を連れて行った幕府の判断が、そもそも間違っていたとこき下ろした。

何処から考えても池田屋事件、禁門の変と戦い続けた近藤に、和解の調停など無理というものだろう。近藤は自分勝手に天狗になっていたとみるしかない行動だった。冷静な土方なら一笑に付して全く乗らない話だった。

近藤は妾宅を構えて大物ぶるなど欠点もあったが、土方は特定の女性と暮らすこともなく、幕府とともに死ぬ覚悟を抱いていたので、ある面で清らかだった。

土方は常に幕府と会津藩の立場に立ち、死ととなり合わせにいる自分を自覚していた。その意味で近藤、土方ラインは、波風が立つこともなくいつも安泰だった。

第二次長州征伐

慶応二年（一八六六）一月、幕府は長州に最終処分案を示した。その内容は、十万石の減封、藩主の隠居、世子の永蟄居、三家老家の断絶だった。

長州藩はこれを無視、薩長同盟の密約が進展し、六月から始まった第二次長州征伐、通称四境戦争も広島、岡山、徳島の三藩主が朝廷に戦争の非を訴えるなど幕府の足並みが大きく乱れ、幕府は惨敗した。

このさなかの七月二十日に将軍家茂が大坂城で病死する異変が起こった。

幕府は朝廷に戦争停止の勅命を依頼し、何とか大失態を免れたが、幕府の威信は大きく失墜した。

このとき、容保は京都守護職から軍事総裁職に任じられ、京都守護職には越前の松平春嶽《しゅんがく》が回り、会津藩兵は危うく長州との戦争に駆り出されるところだった。

新選組が猛反対し、孝明天皇も難色を示したので、容保の軍事総裁職は消えたが、幕府首脳は、責任を転嫁し、会津藩に困難な業務を押し付けることに終始したため、会津藩内に京都守護職返上の声が噴出した。それをいつも止めるのが松平春嶽であり、将軍慶喜だった。

慶喜にがんじがらめにされ、もがき苦しむ容保の姿があった。

勝海舟の皮肉

坂本龍馬があるとき、

「京都は会津に服せざる、甚だし。会津は壬生浪を用いているが、彼らは探索と称して財宝を私している。このため市民は災いを蒙っている」（『海舟日記』）

と海舟にいったことがあった。

これを聞いて海舟は鬼の首でもとったように、このことを言い触らしたが、もともと海舟は会津藩と肌が合わず、

「会津は保守的で、後ろ向きだ」

といい、新選組を従え、斬りまくることにも批判的だった。会津藩は、

「新選組がいなければ、長州の浪士が京都を焼き払って天皇を拉致していたではないか」

と海舟に反論し、

「勝めが」

と歯ぎしりした。

会津藩はいつも損な役を背負わされた。

レオン・ロッシュ

長州戦争で明らかになったのは、幕府の軍事力の遅れだった。長州の奇兵隊に完膚なきまでに叩かれた。

このため駐日フランス公使レオン・ロッシュを指南役に軍備の増強に奔走した。

ロッシュは、フランスの南東部の都市、グルノーブルの裕福な家庭の息子に生まれた。法科大学に進学したが、中退し、父親が商売を営む北アフリカのアルジェリアに渡った。

ここでアラビア語をマスター、通訳となり、やがてチュニジア領事に取り立てられた。

ロッシュが来日したのは、英仏米蘭四国連合艦隊が下関を攻撃した時期だった。

ロッシュは薩長を支援するイギリスに対抗、小栗忠順と組んで幕府支援で動き、眼を見張る日本の近代化政策を進めた。

その構想はフランスの軍事顧問団の指導のもとに歩兵、砲兵、騎兵の常備軍を創設する。

歩兵はライフル銃を持った二十人ないし三十人の小隊を基礎に、八十人ほどの中隊、四百人ほどの大隊、さらには二大隊からなる数千人規模の連隊を編成する、という驚くべきものだった。

それにともない大砲九十門、砲弾各四百発、小銃二万五千挺、歩兵二万五千人、砲兵千二百五十人、騎兵五百人分の靴、毛布、軍服などの装備も発注し、横浜に仏語伝習所も開設した。

会津藩もこれにならい、慶応三年に紀州藩、桑名藩の分も含めプロシャ人レーマンに元込め銃四千三百挺を注文するが、これが日本に着いたのは鳥羽伏見の戦争終了後であり、役に立つことはなかった。

完全に出遅れだった。

歩兵の養成は、口でいうほど簡単ではなかった。旗本は、鉄砲を担ぐのは足軽以下の仕事、武士は刀だと拒否した。

慶喜が将軍に選ばれると京都や大坂の街には慶喜を揶揄《やゆ》する狂歌が早速、出回った。

大木をばたおしてかけし一橋

渡るもこわき徳川のすえ

物価は高騰し、各地で「米よこせ」の暴動も起こった。

天皇崩御

宮廷では慶応二年（一八六六）十二月十一日に内侍所でお神楽を奉納した。

孝明天皇は前日から風邪ぎみで伏せっておられたが、お神楽には姿を見せられた。それがよくなかったのか、熱が出て、医師の診断の結果、疱瘡《ほうそう》と分かった。

ひどく苦しまれ、容易ならぬご容態だった。

十六日、容保は関白以下公家たちと参内し、天皇のご回復を祈った。

それから毎日参内し、ご様子を伺った。容態は安定し、二十一日には膿もとれ、快方に向かった。ところが、二十四日から急変し危篤状態になられた。次第に脈が弱まり、手足も冷え、顔に紫の斑点が現れ、二十五日亥の半刻、午後十一時ごろ崩御された。

容保は断腸の思いでひれ伏した。

天皇の死は四日間伏せられ、外部には二十九日辰の刻、午前八時頃崩御と発表された。

会津藩にとって孝明天皇の死は決定的な意味を持った。容保は孝明天皇の絶対の信頼を受け、京都守護職の職務を全身全霊で務めてきた。その後ろ盾が崩御されたのだ。

三十六歳の若さだった。

容保は顔面蒼白、慶喜も呆然自失だった。

孝明天皇の死をめぐって、崩御の直後から毒殺の噂が流れた。

私の恩師、東北大教授の石井孝《いしいたかし》は、毒殺説を唱え、岩倉具視《いわくらともみ》が姪の女官に命じて毒を盛ったと主張した。

討幕派にとって会津に加担する孝明天皇は邪魔者であり、孝明天皇の疱瘡は毒を盛る絶好の機会だった。

ヒ素中毒

御所に詰める漢方医はヒ素による中毒死と診断した。誰かに毒殺されたのだ。

新天皇は十四歳の祐宮《さちのみや》で、長州派の関白左大臣の二条斉敬《にじょうなりゆき》が摂政となった。

長州に与し、孝明天皇から追われた公家たちは一夜にして赦免され、朝廷は長州が独占する形となった。

近藤も土方も政治情勢の急変に衝撃を受けた。『新撰組顚末記』に、

「幕府の柱石と仰がれた会津肥後守も薩州と離れて以来、朝廷の実権を失い、京都守護職とは名のみ、薩兵や長兵の跋扈《ばっこ》を傍観せねばならぬ羽目になった」

とあった。

高台寺党

孝明天皇の死をきっかけに、伊東甲子太郎の一派が、新選組から分離独立し、高台寺党を名乗ることになった。

伊東は根っからの勤王主義者だった。

便宜上、新選組に所属していたが、本音は討幕である。

伊東は以前、篠原泰之進と近藤の妾宅を訪れ、土方も交えて天下の形勢を論じたことがあった。

伊東は勤王について熱っぽく語り、近藤と土方は徳川幕府の全面支持を論じた。

「どうも気に入らぬ」

と土方は伊東を睨んだ。

近藤は、伊東を高く評価し、伊東を連れて広島に二度も出張していた。その際、伊東はしばしば単独行動を繰り返し、長州藩士と接触、討幕を画策していた。

一日も早く新選組を脱会したいのだが、脱走すれば、局中法度で切腹は免れない。そこで考えたのが、近藤の許可のもとに分離することだった。

孝明天皇の急死で思わぬチャンスが舞い込んだ。泉涌寺《せんにゅうじ》塔中戒光寺の長老湛然《たんねん》の肝いりで、伝奏の命で孝明天皇の御陵を守る衛士を拝命、伊東はその日のうちの一派を率いて五条橋東詰の長円寺に引っ越した。（『新選組始末記』）

『新選組史料集』では、五条通り善立寺に駐屯、六月八日に至り、東山高台寺の塔頭月真院に移って、門前に「禁裏御陵衛士屯所」という標札を掲げた、とある。

近藤は物分かりのいい態度で分離を認めた。

孝明天皇の御陵衛士というのは大義名分で、土方も正面切っては反対できなかった。

伊東と行動を共にしたのは、

新選組九番隊長　鈴木三樹三郎（実弟）（志筑）
同浪士調役監察　秦林親（久留米）
同浪士調役監察　新井忠雄（武州）
同浪士調役監察　毛内有之助（弘前）
同浪士調役監察　服部武雄（武州）
同三番隊長　斎藤一（播州）
同八番隊長　藤堂平助（武州）

同伍長　加納道之助（武州）
同伍長　富山弥兵衛（薩州）
平同士　阿部十郎（羽州）
内海二郎（上州）
中西登（上州）
橋本皆助（郡山）
清原清（肥後）

の十四人だった。

佐野七五三之助、茨木司、中村五郎、富川十郎の四人は新選組の内情探知の任に当たるため、隊に残ることになった。四人は脱走を企てたが目的を達することができず切腹した。

分派組の中で斎藤一は土方が密偵として東の高台寺党に送り込んだスパイだった。

斎藤は寡黙で、沖田、永倉とともに、新選組最強の使い手とされている男で、武田観柳斎が薩摩藩とひそかに通じ倒幕派の一員として活動しようとしたとき、近藤の命令で送別会の帰り、一刀のもとに観柳斎を斬殺したこともあった。

その斎藤から、伊東が薩摩藩と通謀して近藤勇を暗殺しようと企んでいる、と近藤、土方に通報があった。これを聞いた土方は、

「これで殺せる」

と伊東の抹殺を決断した。

禁門の変以来、土方は徹底した佐幕論者になった。

幕府、会津の世話になって新選組の今日があるのだ。薩長に風が吹き始めたからといって、奴らに寝返るなど許せぬ。

それが土方の心情だった。

加えて土方は山崎丞、尾形俊太郎、吉村貫一郎の四名で、天皇の政務諮問、議奏の柳原前光《やなぎはらさきみつ》、正親町三条実愛に長州寛典の動きに反対する近藤勇名の建白書を出していた。

これに対して伊東が長州寛典を主張、真っ向から対立した。

「あの野郎、ただではすまぬ」

土方は怒った。

七条油小路

暗殺計画自体が存在しなかったとの説もあるので、不明なところもあるが、慶応三年（一八六七）十一月十八日に、近藤は伊東に手紙をおくって、伊東を醒ケ井木津屋橋下るの妾宅に招いた。

近藤には、複数の妾がおり、ここに囲ったのは大坂新町の織屋の抱え深雪太夫《みゆきだゆう》だった。丈のすらりとした二十三、四歳の美しい女だった。

京都では、三本木の芸者駒野との間に男の子ができた。そのほか島原木津屋の金太夫、その他もろもろ馴染みの女がいた。

遊ぶときは、頭巾で顔を隠し、公然とは登楼しなかったという。

『新選組始末記』に詳しい記述があるが、用件は、

「国事に関して懇談したいから、ぜひ来駕されたし」

とのことであった。

この月の十日に斎藤一が無断で新選組へ戻って行ったのは、どうもなにか策がありそうだ油断がならないと、同志が危ぶんだが、近藤が好意をもって招くからには、これに応じて行くのが礼である。もし行かなかったならば、礼を失することになる。

「万一この身が害にあわば、御身らよく心を一にして朝廷に忠を尽されたし」

といって出かけた。

妾宅には土方をはじめ山崎烝、原田左之助、吉村貫一郎などの旧友が集っていて、酒肴を並べ、近藤よりべつだんの要談もなく、翌日またあらためて会見して相談しようと大いに呑んだ。

月夜の晩

伊東は酔をさまそうと、駕籠にも乗らずに歩いてでた。

闇から突如大身の槍先がでた。

一刀流名うての剣客もほどこすに術なく、肩先から喉へかけて、ずぶりと刺され、よろめくところを大石鍬次郎が刀を抜いていきなり甲子太郎の肩へ斬りかかった。伊東は深手ながらも、ひるまず、一人を抜き打ちにしたが、多勢に無勢、東側にある法華寺の門前の大きな碑の前へよろめき寄ると、その台石にどっと腰をおろし、

「奸賊輩！」

と無念の叫びを発して、絶命した。

近藤は伊東の死体を七条上ル油小路の路上に運ばせ、これをおとりに衛士一同を斬るよう部下たちに命じた。

やがて衛士七人が、駕籠で死体を引き取りに来たところを四十人で襲い、新選組結盟以来の生え抜き隊

士で元八番隊組長を務めた藤堂平助のほかに、服部武雄、毛内有之助の三人も討死した。なんとも陰惨な事件だった。

一か月後の十二月十八日、御陵衛士の生き残りは伏見街道の民家に伏せ、二条城からの帰りの近藤勇を狙撃、右肩に重傷を負わせた。

身分は幕臣

この時期、新選組に新たな任務が加わった。幕府方の要人の警固である。身分も幕臣となり、幕府は近藤を見廻組頭格、土方を見廻組肝煎《きもいり》格、沖田、永倉、原田、尾形、井上、山崎を見廻組格、茨木、大石、吉村、村上、安藤、近藤周平（勇の養子、十九歳）を見廻組並格として、新選組一同を正式に旗本に列し、近藤には六百俵、土方には七十俵と五人扶持を賜わった。

しかし政局は、大きく変わり始めた。

大政奉還

慶応三年（一八六七）六月二十二日、薩摩藩は土佐藩と薩土盟約を結び、公武合体と諸侯会議を核とし、欧米の議会制度を導入する公議政体の樹立を打ち立てた。

この一方で薩摩藩は、長州藩との間で幕府を軍事力で打倒する盟約を結んだ。

そして岩倉具視と薩摩藩の大久保利通が画策し、薩摩と長州に討幕の密勅が下った。

土方はこの時期、井上源三郎とともに隊士募集のために江戸へ下っていた。その間の京都政局の大逆転だった。

十一月十五日には、京都河原町（中京区）の近江屋において、土佐の坂本龍馬と中岡慎太郎《なかおかしんたろう》が暗殺された。当初新選組の仕業との噂もあったが、その後、見廻組の仕業と見られるようになった。

財政は薩長に軍配

いずれ幕府・会津対薩長の戦争が起こると土方は予感した。戦士の勘である。問題は軍資金だった。

薩摩藩は裕福だった。慶応二年の段階で購入した艦船が三十七万九千ドルにも及んでいた。薩摩藩では資金調達のために桑畑を開いて、四万本の桑を植え、養蚕の振興をはかっており、スコットランド人を雇い、琉球で砂糖の製造を行い、さらに、上海に商会を開き、その売上金で富国強兵をはかっていた。

亡き坂本龍馬の亀山社中も薩摩がバックだった。龍馬は薩摩藩名義でグラバー商会から小銃を購入、長州に引き渡していた。

長州にわたったのは、ミニエー銃四千三百挺、ゲベール銃三千挺、合計七千三百挺、代金は九万二千四百両だった。

会津藩が京都で使う年間の費用で、ポンと小銃を買い込んだ。

会津藩の懐事情

会津藩は京都守護職就任で、どのくらい加増されたのか。二十三万石に天領田島の五万石、越後の蒲原郡、岩船郡、魚沼郡の五万石が加増され、それに房総、蝦夷地、近江、和泉などの預かり地を合わせ、三十七万石余となった。しかし密貿易のような潜在的な財政能力が会津にはなにもなかった。

京都で動乱が始まった元治元年の会津藩の年間の総収入は、わずか二十一万六千両だった。支出は京都で十三万八千両、会津と江戸で十四万五千両もあった。これに軍事費十万両を加算すると大幅な赤字だった。新式銃など買えるわけもなく、会津藩兵の鉄砲は火縄銃だった。これではどうにもならないので、月一万両、米二千俵の支給を幕府に取り付けたが、満足に支払われることはなかった。

七年史

会津の史書、北原雅長の『七年史』に、国もとの困窮が記述されている。

幕府より幾許の米金を下賜ありしも、費用の一半を償うに足りず、従来疲弊の藩、負債年にかさみ、今日に至りては、他借の道もまた塞がり、これに加え、昨年八月、若松に火災ありて、城下の一半を焼出し、天候もまた不順にして、非常の違作あり。

儲穀は今年の秋収を待つに足りず、寡君の久痾《きゅうあ》このごとく、国力の疲弊このごとし。実に負荷に堪えざるなり、しかして寡君在京日久しきがために、藩士の風俗あるいは荒廃し、あるいは激昂し、不安にしてともに憂慮に堪えざる者あり、万一幕府のご配慮を煩らわすがごとき所為あるに至らば、何をもって世上に対し、申すべきや、しかるに目下解兵のご沙汰ありて、少しく康にあたり寡君、急に現職を辞し、封地に就き、一は病痾を加養し、一は士民を鎮撫し、気力昔時に復し、藩政よろしきに至り候わば、再び上京して公務に従事仕り候事はもとより、寡君の志にて、我らも深く信じる所なれば暫時のお暇を賜らん事を請願し奉る。

しかし何度か辞意を表明しても慶喜と春嶽に拒否された。兄の尾張藩主徳川慶勝はいつも自分の意志を貫いたが、容保はいつも腰砕けになり、会津の全領民の意志を貫けなかった。

藩兵の気力はなえ、京都守護職の辞任が藩内の総意となった。国もとの困窮も限度を超えていた。容保の弱さは歯がゆかった。補佐する重臣たちにも危機感がなかった。

江戸の旗本は、われ関せずと京都情勢に見向きもせず、全国の諸藩も、自ら手を汚すことはなかった。

「あれは会津と長州の戦争だよ」

と、とらえ傍観した。

討幕

慶応三年夏、薩長両藩参謀は、討幕の行動計画を完成させた。京都の薩摩藩邸には長州の品川弥二郎をはじめ井上馨《いのうえかおる》、伊藤博文《いとうひろぶみ》、山県有朋《やまがたありとも》ら長州勢も常駐した。

薩長の京都制圧作戦は、一千人の兵力を三部隊に均等分し、一部隊で御所を確保する。もう一部隊は会津藩の京都守護職屋敷を包囲し制圧する。

残る一部隊で京都所司代桑名藩邸、二条城を襲撃し、京都を完全制圧する、というものだった。

さらに大坂にも三千の兵を集め、大坂城を襲撃し、大坂港も確保、市内を制圧する。関東でも同時蜂起し一千の兵で江戸を攪乱し、甲府城を占拠し、幕府兵の上京を阻止せんとした。

この動きを新選組もつかんでいた。

「ううむ」

土方は、地団太踏んで悔しがった。

新選組が薩摩藩邸に踏み込もうものなら全員が殺され、翌日、新選組の屯所は跡かたもなく、破壊し尽くされるに違いない。

会津藩の砲術師範山本覚馬《やまもとかくま》は、すべてを承知し、日に日に憂慮の色を深めていた。

土方は山本と気が合い、洋学の指導を受けた。山本の妹が会津の籠城戦で名を上げた山本八重《やえ》である。八重の夫、新島襄《にいじまじょう》と兄の覚馬の三人が現在の同志社大学を京都に創設するのは明治以降のことである。

第八章　激突、鳥羽伏見戦争

慶応四年正月

慶喜は大政奉還にでたものの、岩倉具視、西郷隆盛らにより王政復古のクーデターで御所から追放された。

幼帝のもとに総裁、議定、参与の三職を置く新政権が発足した。

慶喜は、大坂城に撤退、恭順の意を表した。しかし、あくまで戦争を主張する西郷は江戸で攪乱戦術にでた。大坂城の幕府兵は激怒し、鳥羽、伏見街道から京都を目指し、両軍が激突した。

鳥羽伏見の戦争である。

慶応四年（一八六八）正月三日、戦闘の火ぶたが切られた。

幕府側は陸軍総督松平豊前守率いる伝習隊歩兵五百人を主力に、会津、桑名、高松、大垣、伊予松山の兵を合わせ約一万人、土方率いる新選組は、助勤永倉新八、原田左之助、井上源三郎、斎藤一、山崎丞、諸士調役吉村貫一郎、大石鍬次郎、小荷駄方岸島芳太郎、安富才助、中村玄道、青柳牧太夫、隊長付組頭石井清之進、相馬肇、歩兵頭兼務岸島芳太郎一小隊五十人、新選組総督勢、同志百人、隊長附五十人、歩兵附五十人、都合二百五十人である。

三日の朝、幕府軍は諸方へ兵を配置し、新選組は伏見奉行所の集会所で一団となって灘の銘酒の鏡をぬいて酒をくみかわした。

近藤は高台寺党の残党から受けた鉄砲傷で、戦場には出られない。

「負けられぬ」

土方は京都の方角を睨んだ。

午後四時ごろになると、伏見の幕府方陣屋を見おろす御香宮に薩摩の兵が、ぞくぞくと大砲をひきあげるのが見えた。

その夜の七時ごろになると、はたして御香宮で砲門が開かれた。

ドガンと奉行所へも十発ほどの砲弾が飛んできて、集会所の屋根に焼弾や破裂弾が撃ち込まれた。

「撃ちかえせッ」

土方が大喝し、新選組は奉行所へ備えつけてあった一門の大砲を御香宮へむけて撃ち放すと、薩摩軍が猛烈に砲弾をあびせてくる。

約半時ばかりも砲戦をつづけてから、

「永倉組長、これでは勝負がつかない。永倉隊、土塀を乗り越えて斬り込んでくれ」

と土方が命令し、永倉隊が塀を乗り越え、討死の覚悟で斬り込みを掛けた。

大刀をふりかざして、必死の勢いすさまじい永倉らの蛮勇には、名に負う薩摩兵ももてあまして退却した。

三丁ばかりも追いつめたと思うと両側から火の手があがって寸断された。手負の者は、

「永倉さん、首を打て」

というので、仕方なく負傷した者の首を打って戦った。

鉄砲を捨てる

四日朝八時ごろ、薩摩兵が鳥羽街道より押し寄せた。会津兵と新選組が応戦し、薩摩兵は敗れて敗走、鳥羽街道の宿々に火を放って退いた。

五日朝七時ごろ、淀川堤に薩兵、鳥羽街道に長州と土佐兵が押し寄せた。こちらは、会津兵と新選組、千代田豊太郎が頭取の遊撃隊二百人である。

鳥羽街道は先陣が大垣兵、後陣が見廻組と歩兵一小隊で、しばらく砲撃戦となった。勝負がつかず、会津と新選組は残らず鉄砲を捨てて斬り込んだ。

薩兵はなおも発砲を続ける。この合戦で会津の老将林権助は七十歳の老軀をひっさげて奮戦したのち、八発の弾丸をうけて討死をとげ、長子の又三郎がかわって大砲隊長となり猛烈な砲撃で薩摩兵を追いちらして敵の胆を寒からしめた。

翌六日の朝、幕府兵三百をひきいて佐々木只三郎がやってきたので、鳥羽口の防備はこれにまかせ、新選組は淀堤の千本松に陣を張った。

敵は大砲、こちらは刀である。抜刀をふりまわして薩軍へ無二無三に斬りこむ。死傷者は増える一方だった。

薩長の兵は、このとき対岸から小舟をあやつって淀川を渡りぞくぞく淀城内へくりこんだ。

淀藩が裏切ったのだ。

仕方なく淀城下に火をかけて、橋本宿へ引き揚げた。この戦いで新選組副長助勤の山崎烝を失い、そのほか、討死する者が多く、土方は刀の限界を痛感した。

これで幕府、会津軍は、足場を失った。

幕府兵は総退却である。

八幡山の中腹に拠った新選組は前後の連絡をたたれて情勢が全く分からない。橋本宿が敵の手に落ちたと聞いて山をくだり、大坂へ逃れ、大阪城に引きあげた。

慶喜逃亡

敵陣に錦旗が上がったと聞いた慶喜は顔面蒼白、容保をつれ軍艦で江戸に逃げ帰り、大坂城は落城寸前の光景だった。

「あきれてものが言えないね」

土方もさじを投げた。

大坂城に残っていた近藤も言葉がなかった。

「何はともあれ金が必要だ」

土方は、大坂城の宝蔵にあった十万両を運びだし、幕府の軍艦富士山丸に載せ、江戸に逃げ帰った。この十万両、榎本武揚《えのもとたけあき》の軍資金になる。

新選組は鳥羽伏見の戦争で、副長助勤の井上源三郎、山崎烝、会計方の青柳牧太夫ら二十人余を失い、残るは土方、永倉新八、沖田総司、斎藤一ら四十人ほどになっていた。

山崎には江戸に向かう船中で死亡したとの説もある。

五年ぶりの江戸

久し振りの江戸である。江戸に戻った隊士たちは、品川の旅館釜屋に落ち着いた。近藤は右肩の傷で、松本良順が頭取を務める医学所に入院した。

土方も付き添って医学所に向かった。

「とんだことになりましたなあ」

良順がいった。

「面目次第もございません」

土方は、頭を下げた。

「会津はだまっていないでしょう。戦争になれば怪我人が大勢出る。医者がいないらしい」

良順がいった。

会津に出かける気持ちのようだ。

世の中には、偉い人もいるものだと土方は感激した。

新選組はどこに行っても歓待された。

永倉は島田魁らと深川洲崎の品川楼に遊び、小亀、嘉志久、紅梅ら花魁を総揚げして遊興にふけった。

意外だったのは、慶喜が上野寛永寺に謹慎していたことだった。

「まさか幕府がなくなるんじゃあるまいな」

土方は黙り込む日が多くなった。

京都で散々斬りまくった長州の輩が、官軍として江戸に乗り込んでくるという。

「許せぬ」

近藤と土方は勝海舟のところに出向いて、徹底抗戦を訴えた。

甲州百万石

このころ海舟は、

「新選組には甲府城を守ってもらう。近藤君は甲府城主、体のいい厄介者ばらいだ」

と周囲にもらしていた。

江戸で暴れられても困る。それが海舟の本音だった。

ここは、彼らの顔が立つように処遇して、どこかに飛ばすのがいいのではないかと、海舟が決め、さまざまの手続は大久保一翁が取り仕切った。

幕府はもはや存在しないのだ。

あるのは徳川家である。

慶喜が恭順した段階で、譜代大名の老中や総裁はすべて罷免し、旗本御家人だけで運営する体制に切り替えた。

新選組を考えた老中板倉勝静も罷免されて江戸城にはいない。

新選組の処遇を命ぜられた大久保は、新選組を甲州に放ってゲリラ戦をやらせ、西郷との交渉を有利に導こうとすることを考えた。

大久保から破格の処遇を示された近藤は、仰天した。

徳川家から支度金二千四百両、大砲六門、元込め小銃二百挺を与えられ、近藤は若年寄格大久保大和守、土方は寄合席格内藤隼人を名乗ることが認められ、近藤は舞い上がった。

夢のような大出世である。

会津からも千二百両、松本良順からも三千両が寄せられた。

隊名は甲陽鎮撫隊。

土方は、

「話がうますぎる」

と思ったが、近藤は、もう殿さま気分で、

「甲州百万石が手に入ったら慶喜を甲府に移し局長は十万石、副長は五万石、副長助勤は三万石」と舞い上がって喜んでいる。

甲州は徳川の直轄領である。

これまで甲州勤番が甲府城を守っていた。甲府藩時代、石高は十五万石だった。

近藤には誇大妄想の癖があった。百万石というのは近藤の勝手な思い込みだった。

この時期の新選組研究の第一人者は、流山市在住の松下英治さんである。作品『新選組流山顚末記』は二年をかけて調べ上げた労作だった。一度、流山で研究集会があり、講演を聞いたことがあった。

新選組の面々は連日、どんちゃん騒ぎである。新選組の得意芸である。誰でもいいから人を集めたので、飲ませ食わせ女を抱かせるしか能がない。これで勝てると本当に思っていたのか。

呑みまくる

鎮撫隊は出発に先立ち、新宿で遊女屋を貸し切り、盛大に呑みまくり、慶応四年三月一日、新宿より出陣した。

人馬継ぎ立てで大砲六門と元込め銃を装備した総勢二百人以上の行軍は、大名行列の様であり、京都での浪士集団とは異なる徳川家公認の洋式部隊だった。

近藤は、郷里の上石原宿に入る際に駕籠を降りて歩き、若宮八幡神社に向けて一礼をした。

近藤、土方は名主宅で大歓待を受け、隊士たちも西光寺で休憩をしたあと、府中宿にはいった。

翌二日、日野宿本陣の佐藤彦五郎邸での休憩時にも歓待を受けた。八王子宿での昼食後、永倉と原田は前軍を率いて小仏峠を越え、先行した。

三日は悪天候となり、山間部に入った鎮撫隊は雪道に難渋した。

四日も雨天だった。永倉は峡谷の道を進み、猿橋宿で新政府軍の下諏訪進軍を知った。

永倉は騎馬隊を編成して甲府へ急いだ。

一方、新政府軍は近藤らの動きをキャッチし、土佐の板垣退助が甲府城の占拠を急いだ。

脱落者続出

鎮撫隊は、大月宿から笹子川沿いに甲州道中を進み、最大の難所である笹子峠を越えたところで新政府軍の甲府入城を知った。しかも相手は三千名という大軍であった。

「やはり」

と土方は思った。

これを知って脱落者が続出した。

夜襲をかけるという案もあったが、近藤は受け入れず、援軍を待つことに決した。援軍は幻で誰も来ず、近藤の夢ははかなく消えた。

近藤は得意の一芝居打った。

「拙者は幕府の甲陽鎮撫隊長、大久保大和に候、岩倉公に面謁して申し上げたき儀がござる」

と、敵陣営に使者を出したが一蹴された。

さればと戦端を開いたが、前後を敵に挟まれ、完敗した。これで近藤の信頼は、いっぺんになくなった。

「これで別れることができる。せいせいしたよ」

永倉は原田につぶやいた。

永倉の喧嘩

三月十一日ごろ、永倉らが近藤のいる和泉橋の医学所に押しかけ、会津行きを述べると、近藤は憮然として、いい返事をしない。

「拙者はさような決議には加盟いたさぬ。ただし、拙者の家臣となって働くのなら同意いたそう」

近藤はいつまでも新選組局長の姿勢を崩さず、もうついて行けないと皆が激昂し、

「お手前の家来には、なり申さぬ」

と分裂した。

「おれは自分の道を行く」

近藤も強情である。

武州足立郡の五兵衛新田に布陣し、そこで浮浪の士、百人ほどを集めて、三月十三日、五兵衛新田の名主見習い金子健十郎邸に入り、四月一日には下総の流山に転陣した。

「困った」

土方は頭を抱えた。

近藤は甲州城乗っ取りに失敗したが、まだ自分の使い道はありそうだと踏んでいた。

有馬藤太

近藤を追う男たちがいた。

東山道鎮撫総督府副参謀、薩摩の有馬《ありま》藤太《とうた》と香川《かがわ》敬三《けいぞう》である。

有馬は彦根藩兵三百人を率いて武州熊谷から板橋に出て、千住に兵を進めた。ここから宇都宮に行こうとしたとき、近藤が流山に向かったという情報をつかんだ。

四月三日、有馬は、

「古河に進む」

といって出発したが、途中からにわかに流山に向かい、早朝、流山の村落を包囲した。

近藤と土方は味噌醸造もとの長岡屋を本陣とし、ぐっすり寝込んでいたが、慌てて飛び起き、パチパチと射撃をした。

有馬は応戦せず、包囲を続けていると、一人の男が白刃を抜き放って、くるくる回しながら有馬のところにやってきた。

その男が近藤であった。

近藤には、自分は一世を風靡した新選組の局長である、礼儀正しく名乗り上げれば、殺すことはあるまい。そういう自意識があった。

一度は甲府城主の御墨付きをもらった男である。取っ捕まえてすぐ殺すなど武士道に反することはできまい。そう思っていた。

近藤は、

「大久保大和」

と名乗った。有馬は京都で近藤を知っており、思わず、

「近藤さん」

と、口から出そうなのを必死に堪えた。

「菊の御旗を見て官軍とわかり申した。官軍に発砲して恐れいりまする。以後、官軍に敵対する考えは毛頭ござらぬ」

と、謝罪した近藤は、同道を求められると、

「後始末があるので、しばらく猶予をもらいたい」

と、いって姿を消した。

近藤は大砲三門と小銃三百挺余を引き渡し、小姓二人を連れて、紋付袴に改め、正面から出てきた。

近藤はもうこれで、すべてが終わりだと考えたわけではなかった。

近藤と土方の違いである。

土方は、捕まれば殺されると判断していた。土方はこの時点で近藤の危機を察知し、裏口から江戸に逃れ、四月四日に勝海舟に会っている。

海舟の『幕末日記』に、

「土方歳三来る。流山顚末を云」

とあるだけで何を話し合ったか、詳細はわからない。

この頃、海舟の日々は、多事多難で、

「帰宅夜半に及び、また徹夜もしばしば成り。来人の多き日夜四、五十人に下らず、たいてい我が心裡を疑い、殺気を帯びるの徒なり。半睡半覚、そぞろ筆に任せて筆記す」(『海舟日記』)

という具合だった。

近藤を斬れ

薩長の官軍にとって新選組は、なにがなんでも斬らなければならない復讐の対象であった。

近藤を捕らえた東山道軍は、その処分を巡って薩摩と土佐藩の間で対立があったといわれている。

土佐藩は坂本龍馬と中岡慎太郎の暗殺は新選組の仕業と見て、近藤の斬首を要求した。

薩摩はそこまでは言わなかったという。

勝海舟が助命を嘆願したという話も伝わっているが、近藤を許すほど甘くはなく、四月二十五日、板橋の原っぱで首をはねられた。

近藤の首は塩漬けにして京都に送られ、三条河原に晒された。

　近藤勇事大和
　この者儀、凶悪の罪これあるところ、甲州勝沼、武州流山において官軍へ敵対候条、大逆に付き、梟首さるべき者なり。
　　閏四月

近藤の首が晒されたときは、黒山の人で、同情する人も多く、「中外新聞」は次のように伝えた。

「近藤勇はその性剛腹にして、とくに文武の道に長じ、有志の諸士を募りて新選組と号し、自ら隊長になり、勤王佐幕の志をもって四方に奔走し、天下のために力を尽くせしが、計らずも王師に抗する罪により て、下総流山辺にて官軍のために捕らわれ死刑に処せらりたり。実に惜しむべし」

処断された近藤が、判官びいきの対象となり、庶民の人気を集めたのは皮肉な現象だった。

近藤は死に臨む時、顔色を変えず従容として死に就いたと『島田魁日記』にある。

腹の虫

薩摩の有馬藤太は、近藤を殺したことをひどく惜しんでいた。

有馬は近藤を逮捕したあと戦に出てしまったので、処刑のことは知らずにいた。同僚の香川がさっさと近藤を処刑したことを知って、腹の虫がおさまらなかった。

戊辰戦争が終わったころである。

「なんで近藤を殺したんだ」

と、香川敬三に食ってかかった。

「近藤を生かしておくと、莫大な兵が必要だ。だから殺した」

「ばか野郎。お前とは口もききたくねえ」

有馬はそういって香川をにらみつけた。

有馬は、近藤は敵だったが、徳川にとっては忠臣であり、一度も皇室に背を向けなかったことをあげ、

「立派な人物だった」と思っていた。

有馬の話だと、中村半次郎（桐野利秋）も近藤のファンで、

「おれがいたらけっして殺させなかった。あいつは立派な人物だった」

と語ったという。

命がけで戦った者には、相手に敬意を表する気持ちがわくもので、中村半次郎は会津戦争のときも会津藩主松平容保に頭を下げている。

それは降伏の式典のときであった。

勝敗はある部分、時の運であり、まかり間違えば、自分が敗者に転落することも十分にありえた。

武士たる者、敵将への思いやりを忘れてはならぬ。有馬も中村も、そういうタイプの人間だった。

目撃談

子母澤寛の『新選組始末記』に近藤の養子、勇五郎の目撃談が描かれている。

当時十八歳の勇五郎は近藤の妻、母のつねに言われて板橋に勇の安否を尋ねに出かけた。四月二十五日

のことである。

問屋場付近に行くと、

「今日、旗本が斬られる」

という噂を耳にした。

その辺をうろうろしていると、昼頃に山駕籠が一つ出てきた。周囲を三十人ばかりの鉄砲隊が守っていた。これは父に違いないと思った。

顎ひげが少しのび、いくらか青ざめていたが、思ったより元気だった。

黒の紋付羽織姿だった。

駕籠についてゆくと、庚申塚のある櫟《くぬぎ》林の横の原っぱに穴が掘ってあり、むしろが敷いてあった。

少し過ぎると、人足らしいものが、道具箱を下げてきて父の、月代《さかやき》から髭をそった。それがすむと、

「長々御厄介に相成った」

と父がいった。

首切りの武士は、四十一、二歳の人で、ぴかりとしたように思った瞬間、父の首は穴に落ちた。

勇五郎は五里の道を一目散にかけて上石原に戻り、一同嘆き悲しんだ。

それから三日後に親戚で掘り起こし、菩提寺の龍源寺に近藤を埋葬した。

近藤勇の墓は三か所ある。一つは首のない遺体を埋めた龍源寺。もう一つは、最初に近藤の遺体を埋めた板橋駅の東口前にある丈余の石碑である。

三つ目は会津若松の天寧寺である。

第九章　戦場の鬼

大鳥軍に加勢

江戸は海舟と西郷の会談で無血開城となった。かくなる上は、会津を目指すしかない。

会津藩あっての新選組であり、会津に向かうのが筋ではないか。

土方はそう決心した。

新選組は近藤と土方の合作集団だった。近藤の武と土方の智がうまく嚙み合って、武闘集団、新選組が成り立っていた。

その近藤はもういない。それはショックであり、時おり虚脱状態になることがあったが、幕府にも男がいた。それが大鳥圭介《おおとりけいすけ》だった。

大鳥軍に加わるのは、島田魁、漢一郎、中島登、畠山二郎、沢忠介、松沢音造の六人。

「後は、まっすぐ会津にむかうべし」

と土方が命じた。

駿河台の大鳥の屋敷では江戸脱出の準備ができていた。

大鳥圭介、三十六歳。土方の二つ年長である。生まれは播州赤穂。大坂の適塾で蘭学を学び、さらに江戸に出て、江川太郎左衛門の門下生として、西洋砲術を学んだ。

江川塾には勝海舟《かつかいしゅう》、福沢諭吉《ふくざわゆきち》、福地源一郎《ふくちげんいちろう》、榎本武揚ら幾多の俊英がいた。もともと医師志望だったが、途中から軍人の道に転じた大鳥は、たちまち頭角を現した。オランダ語だけではない。英語、フランス語にも長けていたため、フランス軍事顧問団の受けもよく、小川町伝習隊長、大手前大隊長を経て、歩兵差図役頭取歩兵頭並、歩兵頭、歩兵奉行と出世した。

旧幕府陸軍の将官である。

四月十一日、江戸城開城の日に出発。同志が下総の市川に結集することになっていた。

会津直行は斎藤一ら百五十余人である。ただし引率したのは、斎藤一ではなく、安富才助の説もある。斎藤は怪我人、病人をつれて先行したともいう。ともあれ斎藤一が、土方を補佐していたことは確かだった。

会津に向かった隊員の一人に、十二歳の田村銀之助がいた。銀之助は新選組が甲州で敗れ、江戸に引き上げてきたときに、入隊した少年だった。後年、会津行きの模様を周囲に伝えた。

会津直行組は敵兵の目をくらませ安孫子《あびこ》の布佐《ふさ》から小舟数隻に分乗し、銚子《ちょうし》に向かった。

銚子に一泊し、翌朝、大きな船二艘を雇い、分乗して霞ケ浦《かすみがうら》を経て、潮来《いたこ》に着いた。

潮来から浜街道を平潟《ひらかた》まで行き、間道を棚倉《たなぐら》に出た。約十四里もある人跡絶えた道だった。そこから、矢吹《やぶき》、長沼《ながぬま》をへて勢至堂《せいしどう》に着いた。会津国境の峠である。

国境守備の会津兵に歓迎され、一行は土方より一足先に、会津若松に到着し、土方を待った。一方、土方は、まだ江戸近郊にいた。

初夏

関東平野は、初夏である。

市川宿

利根川も美しい流れである。緑の畑の上をひばりが舞っている。

追いかけてきた人も増え、その数三十余人。

土方は陣羽織をかなぐりすて、黒のフランス士官服、刀は和泉守兼定、腰のベルトに拳銃を吊っている。

「副長、いや局長は、なにを着てもよく似合いますね」

「局長はやめてくれ」

土方がいった。

島田魁がうらやむほど、土方は鮮やかに着こなしている。

「それにしてもなあー」

島田が自嘲《じちょう》気味にいう。

あの新選組が、バラバラに四散してかつての面影はない。落ち目になると、一人、二人と離れて行き、鉄の団結も今は昔の話である。

「島田、身軽でいいぞ。これからは頭だよ。叩き斬るのは京都で終わった」

土方は、ニヤリと笑った。島田は財務担当、かなりの軍資金を持参していた。

幕府が倒れ、薩長の天下になった。だが、日本国の半分は反薩長といってよい。幕府陸軍の精鋭が、関東の地に満ちあふれ、榎本武揚の艦隊が品川沖にいる。この先どうなるのか。混沌として誰も読めない。

外国の動きもなにやら怪しい。

聞くところによれば、イギリスは薩長にくみし、フランスの残党は佐幕派の片棒を担いでいる。どららについたら儲かるか、右往左往している商人も多い。

今この国は大乱世だ。

戦国時代と同じで、逆転の可能性はいくらでもあった。土方の胸中に様々の思いがある。

市川は宿場町である。宿場といっても小さな町で、辺りは見渡すかぎりの田園である。町に近付くと、軍馬のいななきが聞こえる。

「おー、来とる。来とる」

島田が叫んだ。

伝習歩兵の姿が、あちこちに見える。

幕末時、幕府は強力な洋式歩兵部隊を持っていた。フランス軍事顧問団の指導のもとに、七千人の兵がいた。

服装、装備とも洋式化され、黒の洋服に重い革靴をはいて、鉄砲を担いでいる。腰には両刀を差している。軍事顧問団のシャノワン大尉は、刀をはずすよう何度か勧告したが、これだけはダメだった。

「日本の軍隊は二本の刀を依然差しているので、日本の役人とパリの憲兵の混合ファッションである」

と母国に報告していた。

子飼いの軍団

大鳥圭介の蜂起に加わったのは、最精鋭の伝習第一、第二大隊、歩兵第七連隊の約二千二百人である。伝習第一大隊は、別名大手前大隊、第二大隊は小川町大隊といった。

このほかに伝習生徒（士官学校生約五十人）も加わった。いずれも、大鳥子飼いの部隊である。

「見事なものだ」

島田が眼を輝かせた。

「見掛けはいいが、腕の方はどうかな」

土方は冷静である。

土方には、鳥羽伏見戦の苦い体験があった。

当時の土方は、「誠」ののぼりを立て、陣羽織姿の古色蒼然たる姿であった。江戸から駆け付けた幕府の洋式部隊を見て、

「勝てる」

と小躍りした。

ところが戦いが始まるや、我が眼を疑った。

指揮官が薩摩銃隊の狙い撃ちに遭って落馬するや、部隊はバラバラに崩れ、兵士たちは一目散に逃げ出した。

「止まれ、止まれッ」

先鋒の会津藩兵が必死に止めても、まるで水鳥の羽音に驚く平家の軍勢のように、恐怖に顔を引きつらせて逃走した。

それがあるから、見かけでは騙されない。

殺気ただよう

「島田、兵隊の真価は、戦場で決まるよ」

土方は、空を見上げながらポツリといった。

一行は町のめし屋に入った。店のなかは、伝習歩兵で賑わっている。

伝習歩兵というと、聞こえはいいが、年齢、前歴はマチマチで、とても軍隊とはいい難い。

志願兵なので、食いつめた無頼の徒がゴロゴロしていた。博奕打ちやヤクザもいる。腕の入れ墨をこれ見よがしに覗かせて、鼻息が荒い。

島田が兵士たちをかき分けて、席を見つけた。土方には、ただならぬ殺気がある。殺し屋の集団、新選組を仕切ってきた男が持つ威圧感である。

別に辺りを睨むわけでもないが、自然に人が席を譲る。人の上に立つ力量が身についている。

総督は大鳥

駅近くの寺で、軍議が開かれた。どの顔も旧知の仲だ。集まったのは大鳥を中心に、次の人々である。

幕臣　土方歳三、吉沢勇四郎、小菅辰之助、山瀬司馬、天野電四郎、鈴木蕃之助。

会津　柿沢勇記、天沢精之進、秋月登之助、等。

桑名　立見鑑三郎、松浦秀人、馬場三九郎、等。

「さて、総督を決めねばなるまい」

会津の柿沢が口火を切った。

「大鳥さん。ぜひ引き受けていただきたい」

「賛成です」

土方が援護する。

「いや、私には実戦の経験がない。大任を果たすことは無理です。どうだろう、百戦練磨の土方君にお願いしては。私は土方君を推薦したい」

すんなり受けると見られていた大鳥が、意外な発言をした。

本気かどうか、土方は判断がつきかねた。ここに集まったのは、すべて大鳥配下の部隊である。毛並、格式ともに大鳥の右に出るものはいない。

実績はあるが、土方は二千の軍団を仕切る器ではない。やはり身分がものをいう社会だ。

「私は大鳥先生の手足となって働く者。ここは全体の総意として、総督をお引き受けいただきたい」

土方は、きっぱりいった。

誰も異論はない。全員賛成で、大鳥圭介が総督、土方は副総督と決まった。

先鋒は伝習第一大隊と土方隊、桑名隊、中軍は大鳥圭介率いる伝習第二大隊、後軍は山瀬司馬が率いる歩兵第七連隊と決めた。

「さて、いかが致す」

総督の大鳥が満座を見た。

「会津に参ろう」

第一大隊長に決まった秋月登之助がいった。秋月は、本名を江上太郎といい、れっきとした会津人である。心は会津に飛んでいる。

「そうお願いしたい」

柿沢も頭を下げた。

会津藩は、すでに抗戦の意思を固め、横浜から武器、弾薬を運び、軍制の改革をはかり、兵を国境にはりつけている。しかし大鳥は拒んだ。

都落ち

「私には慶喜公の行方を見届ける義務がある。徳川家の処分が決まるまで日光に留まり、世上の動きを見たい」

大鳥はじっと腕をくみ、一歩も譲らない。総督の鶴の一声である。徳川家の聖地、日光東照宮への転進が決まった。

昨夜降った雨もカラリと上がり、太陽が顔を出した。

馬上の土方は兵を率いると、一段と男が上がる。真っ黒い長髪が風に舞う。

ぴったりと横に並ぶ秋月登之助。背が高く、彫りの深い美男子である。赤いズボンがダンディである。

「今度は土方さんを男にして見せます」

秋月が粋なことをいう。秋月は、長く江戸にいて、鳥羽伏見戦には加わっていない。華やかなりし頃の新選組も知らない。

来たるべき新しい時代に備え、江戸や横浜で訓練中に幕府がつぶれた。しかも会津が朝敵だという。これまで忠勤を励んできた徳川幕府とは、一体なんだったのか。秋月に無念の思いが山ほどある。土方の気持ちも、痛いほど分かる。

「俺はなにも悔いてはいない」

土方は、笑いながら秋月を見た。

若者は爽やかでいい。この男とは長く付き合いたい。

土方は思った。

利根川を越えれば、北関東である。生きて再び江戸に帰れるのだろうか。

無頼の徒たちの眼にも、うっすらと涙が浮かぶ。

都落ちは、悲しいものだ。土方もチラリと振り返った。何人かの女たちの顔が浮かんでは消えた。

宇都宮攻め

まだ戦いは始まっていない。すべての兵士に余裕があった。それにしても長蛇の列だ。二千余名の大鳥軍は、いつのまにか三千名余に膨れ上がっている。

食料、弾薬を運ぶ人足が加わったためで、沿道の村人は総動員である。なかには輜重兵《しちょうへい》として加わった少年もいる。

関東はまだまだ徳川幕府に未練を抱いている。

土方は、日光の玄関、宇都宮を目指した。

途中、下妻、下館を開城し、分宿を重ね、鬼怒川を渡って、宇都宮に迫った。

探偵方の報告によれば、宇都宮城には新政府軍軍監香川敬三が入り、兵一千で防備を固めているという。

「秋月君、一気に叩きつぶしてやろうぞ」

土方は、地図を広げた。桑名の立見鑑三郎も腕をさすった。

宇都宮城は平城で、別名亀ヶ丘城と呼ばれる関東の名城である。

周囲には幾重にも水濠をめぐらし、要所要所に敵の侵入を防ぐ曲輪（踊り場）があった。

ここを守るのは宇都宮藩を筆頭に笠間、館林、烏山《からすやま》などの北関東諸藩と彦根藩である。寄せ集めの混成兵団で、装備も旧式だ。この辺りはもともと佐幕派なのだが、江戸開城を聞いて、薩長の軍門に下ったところである。

訳の分からぬうちに、政変に巻き込まれたといってもいい。烏山藩などは、初めから逃げ腰だが、籠城し、敵対している以上、討つしかない。

土方の軍は先鋒である。宇都宮城が目の前に迫った。

「行くぞッ」

土方は、拳銃を抜いた。

東照大権現の白旗を立て、ラッパを吹きながら麦畑の中を城門に迫った。

「わーッ」

戦いの鬼

大砲が火を噴くと、敵兵は蜘蛛の子を散らすように逃げて行く。先鋒隊は、町のいたるところに火を放った。火は兵士たちを興奮させる。

秋月登之助が大砲を城門近くに運び、二の丸、本丸目がけて榴弾を放った。

土方は生来の剣士である。

城門が破れるや、先頭を切って城中に飛び込み、刃向かう兵を斬り伏せた。

味方にも厳しい。

怯えて逃げ出そうとした従者をも斬り捨てた。鬼にならないと、戦いには勝てない。

この日の戦いで、もう一人、鬼がいた。

桑名の立見鑑三郎である。

桑名藩主松平定敬《さだあき》は、会津藩主松平容保の実弟である。京都所司代として兄を助けた。

容保、定敬の兄弟は、人もうらやむほど仲が良い。

兄容保は温厚な人柄だが、定敬は気性が激しく、薩長との徹底抗戦を叫んで、日光から越後の飛び地に向かう途中である。

東照大権現

立見は後年、陸軍に身を投じ、弘前第八師団長、陸軍大将を務める逸材である。

東照大権現の神旗を担ぎ、

「進め、進め」

と、気合いを入れ、遮二無二突っ込んで行く。そこを至近距離から狙い撃ちされ、辺りの兵が次々に斃れて行く。

立見は血刀を抜いて敵を追いかけ、斬りまくる。不思議に弾丸が当たらない。そのうち本丸に火が上がった。

城兵たちが、火を放って退却を始めたのだ。城攻めのコツは、一か所を逃げ道として空けておくことだ。籠城されててこずるよりは、逃げてもらった方が、はるかに得策である。弾薬や兵員も損耗が少ない。

宇都宮城は、一日の戦闘で落ちた。

『島田魁日記』にこうあった。


四月十九日、宇都宮城下近ク迄押寄ケレハ、敵兵防禦シ烈布発砲シ、敵次第ニ崩レ立、追々城中エ引籠発炮ス。味方乗機ニ速ニ鯨声ヲ挙ケ城下ニ逼ル。

放火シテ烈布大小砲打立テ、於此城ノ内外尽ク火ト成り、敵狼狽シテ城ヲ捨テ逃去。右戦争ハ朝四ツ時頃ヨリ始マリ、夕七ツ時落城ス。此時城外ニテ宿陣ス。


土方に兵を預ければ、天下無敵の働きをする。並いる将兵たちは、土方歳三の天賦の才に敬服した。

宇都宮城奪取は四月十九日だった。

続いて大鳥も入城した。

西郷怒る

宇都宮の陥落は、江戸の新政府に衝撃を与えた。北関東を大鳥軍がおさえれば、次は江戸を目指すに違いない。

彰義隊と大鳥軍が呼応すれば、どんな事態になるかはかり知れない。

その先鋒が土方であることも新政府軍首脳を神経質にさせた。

「奴らを叩きつぶせ」

西郷隆盛が太い声で叫んだ。

その大役を命ぜられたのは、鳥取藩の河田佐久馬である。

河田は兵四百を率いて直ちに宇都宮の前線基地、壬生城に向かった。

河田と土方は、浅からぬ因縁がある。

河田は鳥取藩京都留守居役を務める重臣だが、いつの間にか討幕にかぶれ、藩内の中道派を斬殺、実権を担った。

かつて新選組の暗殺者リストの中にも、河田の名があった。池田屋事件の時、謀議に加わっていた。だが運のいい男で、うまく逃げおおせ、征討軍参謀の地位に就いた。

「土方奴ッ」

河田は、復讐に燃えて奥州街道を下った。

河田に続いて薩摩の伊地知《いじち》正治《まさはる》の第三軍、土佐の板垣退助《いたがきたいすけ》の第四軍も出動態勢を整えた。

この知らせを受けた大鳥本隊は、その対応に迫られた。

「総督、宇都宮城は守りに適さない。兵も疲れている。ひとまず日光に転進するのが得策」

土方が説いた。戦わずして退くことに、大島が難色を示した。

土方はこの戦いで、逃亡せんとした兵士を斬った。兵は休ませることが大事だ。しかし大鳥は、

「壬生で決戦に出る」

と積極戦法を主張した。

「まずい」

と土方は思った。

我が軍に弾薬や食料の補給がない。敵はどんどん江戸から弾薬や食料を運んでくる。ここは持久戦に出ることが肝要なのだ。

戦いは攻めて退く。その緩急が大事であった。決起の目的は、会津の救援にある。いま兵を失えば、むざむざ敵の術中にはまる。

土方はそのことを説いた。しかし大鳥は違う。土方は嫌な予感がした。気が進まない。迷いが生じた。

それならば大鳥軍を二つに割ろうと考えたが、それもできない。

大鳥の失敗

大鳥が意固地《いこじ》になっていて、頑として譲らない。仕方がない。壬生城を奇襲し、これを奪うしかない。

土方はそう決断した。

四月二十二日午前二時、土方率いる大鳥軍先鋒は宇都宮の南方、壬生に向かって進撃を開始した。

兵を左右にわけ、さらに会津藩砲兵隊も加わり背後を衝くべく道を急いだ。

攻撃開始は午前五時。その時間までに全軍が配置に付くことができるかどうかが、勝敗の分かれ目であ

る。ところが予想だにしないことが起こった。

「土方君、どうも体調が悪い。熱がある。私は指揮を執れない」

と大鳥が後込《しりご》みした。

「それでは私が指揮を執る」

「それは困る。貴君は宇都宮城で、全軍を指揮してもらいたい」

「しかし、それでは戦にならない」

「命令です」

土方は困った。

新選組はどんな場合でも、近藤と土方が第一線に立った。自ら敵陣に斬り込む。それを見て隊士たちが、奮い立つ。そういう戦法であった。指揮官のいない戦闘は必ず敗れる。

しかし総督に盾突くことはできない。

天気はどうだろうか。

土方は外に出た。

星一つない漆黒《しっこく》の闇だ。

雨が気になった。小雨ならいいが、本格的に降り出すと、道は泥土と化し、各部隊の到着は大幅に遅れる。

まごまごして、夜が明けたら万事休すだ。

敵の追撃に遭い、今度こそこちらが危うくなる。祈る気持で空を見つめた。

雨中の乱戦

壬生の戦いは雨中の乱戦となった。

初め大鳥軍が優勢だった。進軍ラッパを鳴らしながら、鬨の声を上げて突っ込んだ。この頃から雨は一段と激しくなった。

豪雨である。

こうなると、攻めるほうが辛い。大鳥軍が怯んだところを、河田が逆襲に出た。

街道の真ん中に真紅の旗を立て、大砲を据えて、撃ってきた。銃隊が物陰にかくれて狙撃する。

大鳥軍はたちまち苦戦に陥り、正面攻撃隊の第七連隊に死傷者が続出した。

側面攻撃の大川正次郎が、その間隙をついて壬生城に迫ったが、あと一歩のところで攻め切れない。

結局、大鳥軍は数十名の戦死者を出し、宇都宮に逃げ帰った。土方は、憤然として負傷者の収容に当たった。

こうなっては日光に退くしかない。

将兵たちは、撤退の準備を始めた。そこへ薩長の第三軍二百余名が攻めてきた。

薩長六番隊の砲手は大山巌《おおやまいわお》である。四斤山砲を巧みに使って撃ってくる。

土方は敵に向かって走った。土塁のあたりで、二人、三人と敵を斬った。パッと鮮血が飛び、ギラリと兼定が光った。

敵は逃げ腰だ。

大鳥軍は突撃ラッパを吹きならして、突撃した。手もとの弾薬をすべてつぎ込んで、撃ちまくり、敵の先鋒を撃退した。土方はホッと一息ついた。

土方負傷

その時、至近距離で銃の声が響いた。土方の左足に激痛が走り、どっと倒れた。脳天を貫く痛さである。

「副長ッ」

島田と中島が駆け寄った。流れ弾が当たったらしい。革靴に穴があき、血がしたたり落ちている。

島田が土方の靴をはぎとった。どっと血が流れた。島田が急いで足にボロきれを巻いた。足の指先が銃弾でけずり取られている。

島田は土方を背負って、焼け残った藩校修道館に運び込み、医師に洗浄させた。

敵の第一次攻撃は、大鳥軍の獅子奮迅の戦いで失敗に終わった。しかし、敵は攻撃の手をゆるめなかった。

今度は伊地知正治率いる第二次攻撃隊三百が襲ってきた。その後から河田隊も駆け付けた。

伊地知隊は、山砲、臼砲、火箭砲（ロケット砲）を持つ砲隊を主力に編制している。

宇都宮城に次々と砲弾が撃ち込まれ、轟音で耳が割れそうに痛い。あちこちに砲弾が炸裂し、大鳥軍将兵を吹き飛ばした。

秋月登之助、本多幸七郎、柿沢勇記ら大鳥軍参謀が傷を負い、もはや戦える状態ではない。戦死者は人夫を入れるとゆうに二百名を超えている。

午後五時、大鳥は退却ラッパを鳴らした。砲撃の威力の前に、大鳥軍は敗退した。

日光街道

土方は駕籠にゆられて、日光に先行した。

「会津の柿沢さんは重傷らしい」

島田がいった。

新選組は日光街道を急いだ。

日光街道は、宇都宮から北に向かう古い街道である。

起点は江戸の千住で、ここから越谷《こしがや》、幸手と通り宇都宮で奥州街道と分かれ、日光に達する。ここから神君徳川家康が眠る、北関東屈指の聖地が広がる。

夕暮れの日光街道は、鬱蒼《うっそう》とした樹海のなかにあった。

利根川べりの緑もきれいだったが、ここ日光街道は、あくまでも濃い緑で、杉木立にまじってケヤキ、カエデなどの落葉樹が大地に涼しげな木陰をつくっていた。

負傷した土方と秋月は部隊の指揮ができず、戦線を離脱し、日光から会津領に向かうことになった。

地獄で仏

夕暮れが迫っていた。

大鳥は沿道の農家に食料の提供を頼んだ。

食べるものが何もない。

農民たちは、道路沿いに戸板やむしろを並べて痩せこけた兵隊たちに休みをとらせた。

老若男女がかいがいしく炊き出しの握り飯に梅干やゴマなどをつけて出し、茶も勧めた。

空腹の将兵たちは農民の誠意に涙を流した。

地獄で仏であった。

「感謝の言葉もない」

大鳥は馬を下りて農民たちに頭を下げた。

すると、

「わたくしどもは、東照宮様のご恩沢に長年浴しています。あなた方は徳川様のためにご尽力なさっています。お江戸開闢《かいびゃく》以来三百年のご恩義に謝する寸志でございます」

名主がいった。

大鳥は名主に小判五枚を懐紙に包んで盆の上に置き、

「僅少だが皆と分けてくれ」

と礼をいった。

沿道に立った農民たちは、ある者は頭を深く垂れて涙ぐみ、ある者は手を振って見送った。敗残兵の哀れな姿は一目瞭然だった。

昔は餓鬼大将

司馬遼太郎は、大鳥をあまり好きでなかったらしい。どこか姑息な人間として描いている。

『燃えよ剣』を読むと、わざと土方を無視したり、ただの殺し屋と蔑視したりする場面が出てくる。

「あれは剣術屋だよ」

大鳥も土方をそう評したと、この本にあった。二人はことあるごとに微妙にぶつかる。小説は構成上、その方が面白いし、読者も引きずりこまれる。

でも実際の大鳥は大分違った人物だった。

私は中公新書に『大鳥圭介―幕府歩兵奉行、連戦連敗の勝者』を書いたとき、大鳥の生まれ故郷、播州赤穂《あこう》の在、旧細念村をたずね、彼の生家跡や彼が学んだ備前岡山藩の閑谷《しずたに》学校もつぶさに見学した。

細念村は赤穂領内でも最も辺鄙《へんぴ》なところで、岩木七ヶ村という山に囲まれた集落があり、その一番奥が細念村だった。

近藤や土方よりは、はるかに田舎で育ったことになる。医者の息子だから勉強はできたが、無類の腕白者で、村の餓鬼大将だった。

閑谷学校は、岡山藩の子弟が多かったが、備前の各地から医者、僧侶、神官、豪農、豪商の子供が来ていた。

五年間、ここで学んでいる。それから適塾に入ったが、ここには全国から秀才、奇人が来ていた。

塾風は不規則、不正頓、乱暴狼藉、無頓着、不潔の極みだった。少々のことでは、まったく驚かなかった。

戦に負けてもニコニコして帰ってくる。

箱館戦争では、大鳥は陸軍総裁、土方が副総裁として、若干の確執はあったようだが、これといった喧嘩もせずに戦っている。

今市宿

駕籠で、今市に向かった土方は、町のいたるところに炊き出しの用意があることに驚いた。

今市宿本陣の大島半兵衛宅に顔を出すと、土方歳三と聞いて、半兵衛は大いに恐縮した。半兵衛はすぐ町医者を呼び、土方の手当てをさせた。まもなく会津藩砲兵隊長日向内記《ひなたないき》が顔を見せた。

「皆が会津でお待ちです」

日向はそういって、会津を取り巻く情勢を語った。

「薩長は仙台に奥羽鎮撫総督を送り、会津を攻めろと、さわいでいる」

「参謀は誰ですか」

「薩摩が大山綱良《おおやまつなよし》、長州は世良修蔵《せらしゅうぞう》なる男」

「世良ねえ。あまり聞かん男だが、そういう奴が危ない。なにをしでかすか分からない」

土方がつぶやいた。

「仙台は世良に反発して、当方に使者をよこし、ともに戦うといっている」

「なるほど」

「こうなったら一刻も早く会津に行きたい」土方の心は会津に飛んだ。

このころ永倉は旧旗本芳賀宜道《ぎどう》を隊長とする靖共隊《せいきょうたい》を結成し、北関東で戦っていた。原田は途中から江戸に戻っている。

猫を斬れない

土方は戦いの途中で、沖田の死を知った。

「あれも死んだか」

言葉に言えない寂しさがあった。

子母澤寛が描く沖田の最期は、実に真に迫っている。

創作の世界になるのだが、

「こうだったのかなあ」

と、思わずそうなってしまう描写である。

沖田は内藤駿河守屋敷の南側にある平五郎の植木屋の納屋に起居していた。

すぐ前の植溜の、梅の大きな木の根方に、黒い猫が一匹横向きにしゃがんでいるのを見た。

「ばアさん、見たことのない猫だ、嫌やな面をしている、この家のかな」

と訊く、そうじゃなさそうだと答えると、

「刀を持って来て下さい、俺アあの猫を斬って見る」

という。仕方がないから納屋へ敷きつめの床の枕元に置いてある黒鞘の刀を持って来てやると、柄へ手をかけて、じりじり詰寄って行く。もう二尺という時に、今まで知らぬ顔をしていたその猫が、軽ろくこっちをひょいと見返った。老婆が見ると、総司の唇は紫色になって、頬から眼のあたりが真紅に充血して、はアはア息をはずませている。

総司は、

「ばアさん、斬れない──ばアさん斬れないよ」

といった。それっきり、如何にもがっかりしたようにひょろひょろと納屋へ戻って終った。

次の日も、またいいお天気。同じ昼頃になって、

「あの黒い猫は来てるか、ばアさん」

ときいた。婆さんが出て行って見ると、不思議なことに、きのうと同じ梅のところに、その黒い猫がまた横向きにしゃがんでいる。しかし、それをいったら、総司がまた出る、出てはからだに良くないと思ったので、

「猫はいませんよ」

と答えた。総司は一度、

「そうか」

といったが、暫くするとまた、

「ばアさん、どうも俺アあの猫がいそうな気がする、もう一度見てくれ」

という。婆さんが出て見るとどうも不思議だ。やはり猫はじっとしてそこにいる。今度は、婆さんもどういうものか居ませんよとは言えなかったので、

「来ています」

といった。

「そうか―やはり、そうだろう。ばアさん俺アあの猫を斬って見る。水を一ぱい呉れ」

納屋の出口へ突立って、婆さんの持って来た水を、ごくごく喉を鳴らして飲んだが、顔を斜めにして眼だけは、じっと、その黒い猫を睨んでいる。すでに血走って、頬のあたりが、時々びくびくと小さく痙攣していた。

そして、ものの二十分も経つと、

「ああ、ばアさん、俺ア斬れない、俺ア斬れない」

と、悲痛な叫びをあげると、前倒るように納屋へ転げ込んで、そこへぐったりと倒れてしまった。

息を引取ったのは夕方である。

この黒猫の話も子母澤寛が丹念に集めた資料の一つとされているが、真偽のほどは分からない。ともあれ沖田の最期にふさわしい話ではあった。

なお沖田の終焉の地は浅草今戸八幡という説もある。ここに鳥羽伏見の怪我人を治療した野戦病院があったという。そういわれると、捨てがたいことになる。

第十章　惨敗

城下の賑わい

土方歳三が会津城下に姿を見せたのは、慶応四年（一八六八）四月二十九日である。

長い旅であった。

日光から会津領田島に入る山王峠《さんのう》は、眼も眩む千丈の谷が続き、休みながらやっと登る難所であった。

途中いたるところに、山ツツジが咲いていた。桃、白、むらさき、様々な色が実に鮮やかであった。

会津とはなんと美しく、しかも人を寄せつけぬ国だろうか、と土方は思った。

「田島陣屋で会津藩士秋月登之助と別れ、我が輩、漢一郎、中島登、畠山二郎、沢忠介、松沢音造を引き連れ、大内通りより二十九日、会津城下七日町清水屋に着す」

と『島田魁日記』にある。

城下町は、奥会津とは一転して賑わっていた。鶴ヶ城は、聞きしにまさる要塞であった。

五層の天守閣が天高くそびえ、本丸を囲んで二の丸、三の丸、北出丸、西出丸と堅固な城壁が幾重にも張りめぐらされ、濠は満々と蒼い水をたたえていた。

城の正面、大手門からは、家老クラスの屋敷が並び、藩校日新館の大きな講堂が見えた。

城下町には侍の姿が多く、早馬がひっきりなしに大手門をくぐった。

徳川幕府を支えてきた会津二十八万石の威厳と風格が、いたるところに感じられた。

土方らの会津入りは、田島の代官を通じて、いち早く会津藩庁に入っていた。

宿舎の清水屋に、ほどなく会津藩重臣、手代木直右衛門《てしろぎすぐえもん》がやって来た。

「なに」

土方は、慌てて、玄関に出た。

手代木は、京都見廻組与頭、佐々木只三郎の実兄で、会津藩公用方として長く京都にいた。弁舌《べんぜつ》流暢《りゅうちょう》、態度荘重、会津を代表する盛臣の一人である。壬生の屯所にも何度か足を運び、酒食を共にしたことがある。

「おお、よくおいでくださった。足の怪我はいかがでござる」

手代木は、どんな時でも言葉をくずすことはない。あくまでも礼儀正しい。

「不覚をとりました。自分では不死身だと思っておったのですが、こうもあっさりとやられるとは」

「しかし、まあーご無事でなによりでした。わが殿も土方君の会津入りを首を長くして待っておりました」

「かたじけなき次第」

土方は、頭を下げた。

斎藤一ら直行組も元気だった。

斎藤は会津にきて山口次郎と改名した。

東山温泉の入り口にある天寧寺に屯所を置き、隊員も百数十人は確保したという。立派なものだと思った。

「俺はまだだめだ。足の治療に専念する。そちが新選組を率いて戦うべし」

土方が斎藤に命じた。

土方は、会津で大いに腕を振るいたかった。しかし思うように体を動かせない。自分の体が自由にならない。誰かに怒りをぶつけたかった。

幕臣を罵倒

旧幕臣望月光蔵が同宿と聞いたので、部屋に呼んだ。

望月が部屋を訪れると、土方は床の上に横になっていた。土方は望月に対し唐突に、

「ともに戦え」

といった。

「自分は文官であり、武事には通じていない」

と答えると、土方は望月を嘲笑し、

「だからダメなんだ」

と怒鳴った。すると望月が、

「宇都宮城を奪還されたのを取り戻せなかったのは、あなたがたの怯懦《きょうだ》ゆえではなかったのか」

と反論すると、土方は怒りを顔に表し、

「聞くを要せず、去れ」

と叫び、望月に枕を投げつけた。

当時の土方の心境が、この行動によく表れていた。

土方感泣

土方は閏四月五日、斎藤ら新選組を率いて鶴ヶ城に登城した。松葉杖で歩けるまでに回復している。

「おお来てくれたか」

松平容保の懐かしい顔があった。

「殿ッ」

土方は感泣した。

新選組がこの世に出たのは、ひとえに松平容保の尽力によるものだった。容保はだれが何をいおうが、新選組の肩を持った。

島田魁は日記に、

「新選組隊長山口次郎被命、当隊百三十余人ヲ引率シ、白河ノ方向ヱ出張之被命於是ヲイテ、閏四月五日、当隊会公ニ謁ス」

と、あった。

土方は、近藤の顚末を報告、墓の建立も依頼した。

容保は近藤の死を悼み、天寧寺に近藤の墓をつくることを認めてくれた。

この時期、仙台、米沢藩も会津に同調、奥羽越列藩同盟を結成、盟主には仙台藩主伊達慶邦が就任したことで、会津城下には楽観ムードが流れており、土方は大いに危惧した。

薩長は強い。

仙台も米沢もそれを知らない。

そこが心配だった。

薩長の新政府軍は刻々、会津国境に迫っていた。

最初の戦場は奥羽の関門、白河だった。

容保は、新選組にも出動命令を下した。

斎藤は百三十余人を率いて、白河に向かった。

斎藤は神田に住み、十九歳のとき、旗本を斬り、京都に逃れ、吉田某の剣道場で働き、新選組に入隊した。

わずか二十歳で四番組頭となり、近藤、土方の信任厚い隊員だった。

新選組では、沖田総司、永倉新八と並び最強の剣士の一人といわれ、池田屋事件を始め幾多の襲撃に参加した。

二本松や棚倉兵も加えて会津藩は白河口に約千人の大部隊を送った。

「戦争は数だけでは決まらない。要は戦略だ」

土方は戦場に向かえない自分に自嘲した。

問題は誰が指揮をとるかだった。

惨敗白河戦争

容保が白河口の軍事総督に指名したのは意外にも非戦派の家老西郷頼母《たのも》だった。

各隊長には京都以来の歴戦の勇士がついたが、西郷は性格狭量で、人望がなく、加えて戦闘経験皆無とあって、はなはだ疑問の人選だった。

京都で活躍した公用方の重臣が、仙台に出かけており、不在なことも気になった。

「せめて小野さんがいれば」

と土方は思った。

小野《おの》権之丞《ごんのじょう》である。

広沢富次郎もいない。江戸で薩摩に捕まったという。

小野の努力で、仙台藩は参謀坂本大炊《さかもとおおい》、副参謀今村鷲之助《いまむらわしのすけ》、大隊長瀬上主膳《せのうえしゅぜん》、同佐藤宮内《さとうくない》を派遣してくれた。両軍あわせ約二千の軍勢である。

それは素晴らしいが、問題は運用だった。

対する新政府軍は宇都宮に進駐した薩摩の伊地知正治率いる薩摩、長州、大垣、忍の東山道軍約七百だった。数の上では同盟軍有利であった。しかし会津、仙台軍の作戦はお粗末だった。

「われらは城に籠り、堂々と受けて立つ」

と、西郷頼母が啖呵を切ったと、後日聞き、

「馬鹿者が」

と土方が罵倒したが、その時は、すでに手遅れだった。

一日で惨敗

慶応四年五月一日、白河の戦闘が始まった。

敵将伊地知は夜半、ひそかに城下に先鋒部隊を潜ませ、早朝、総攻撃をかける電撃作戦を採用した。同盟軍はそれさえつかめずにいた。

早朝、突然の攻撃に仙台と会津の参謀は気が動転した。

狙撃兵がいたるところに潜み、十字砲火を浴びせ、同盟軍は死体の山を築いた。敵は砲台を占領するや、大砲を運び上げ白河城に砲撃を加えた。

仙台藩参謀坂本は混乱した。

数人の従者を率いて阿武隈川を渡り、敵の背後を突こうとして、狙撃された。

会津の副総督横山も正気を失った。占領された稲荷山を奪還せんとして真っ先に山に駈け登り、頂上から撃ち出される銃弾に倒れた。

新政府軍の記録は、

「この日、首級六百八十二なり」

「官軍の死傷約七十、敵は死屍六百余を残し、散乱退去」

などと大勝利をたたえていた。

戊辰戦争を通じて、たった一日の戦闘でこれほど決定的に勝利を収めた戦いはなく、「花は白河」とうたわれた。

最新鋭の銃器を装備した新政府軍に対して、会津兵の大半が旧式の兵装で立ち向かったため、怪我人も多かった。

新選組では、巨漢の島田魁が負傷し、湖南の千住院に収容された。

良順来る

江戸の松本良順のもとに、戦争の模様が刻々伝わっていた。予想していたことだが、情勢は厳しかった。関東は全滅し、会津国境に薩長兵が迫っていた。良順が、

「会津は気の毒だ。医者もいないだろう」

と弟子に話すと、渡辺洪基、名倉知文、三浦煥、小泉順英、山内作楽、太田雄寧らが同行するといった。

故郷の佐倉にいったん引き上げ、そこから会津に向かうことにした。佐倉に戻ると、会津の医師、南部精一が訪ねてきた。長崎で勉強した医師である。

「会津は戦争に及んだが、医師がいない。そこで旧知の三浦氏を迎えにきた」

というではないか。

「実はわたくしも会津に行こうと思っていた」

と良順がいうと、南部は大いに喜んだ。

四月中旬、医薬品や手術道具を持ち、一行は会津に向かった
成田から舟を雇って利根川を下り、銚子に上陸し、一夜、痛飲した。銚子から平潟行の便船を探し、乗船した。ぼろ船で危険だったが、幸いに順風を得て帆を揚げ、海上三十余里、無事平潟《ひらかた》港に着いた。

ここからは斎藤一らが通った間道に入り、山間の農家に一宿し、翌日、白河郊外に着いた。ここから矢吹、長沼経由で、勢至堂に到着した。

南部が関門を守る重役に、良順の到着を告げると、皆大いに喜び、直ちに駕籠で会津若松に送ってくれた。

山路を上下し、夕方、会津七日町の旅館に到着した。

まずは旅の疲れを癒そうと、東山温泉に直行、高歌放吟、楽しい夜を過ごした。

村医を指導

良順は、怪我人の治療もさることながら村医の教育に懸命だった。

野戦病院に収容されている怪我人は各地の戦場から送られてきた重症患者だった。

怪我人は途中で村医者の治療を受けていたが、村医者には外科治療の知識がない。

ある人は綿布を鉄砲傷に差し込んで洗い、ある人は稔紙《こより》で煙管《きせる》を通すように傷口に差し込み、ある人は膏薬をはり、ある人は焼酎で洗うといった具合で、化膿が進み大半は、もう手遅れだった。

良順は早速、村医を集めて講習会を開き、正しい治療法を教えた。

土方は、良順の献身的な努力に頭が下がるおもいだった。一夜、二人は再会を祝し酒を酌み交わした。

「情勢はよくない。いつここに敵が攻め込んでくるかもしれない」

土方は眉をひそめた。

皮肉な雨

五月二十六日、仙台・会津連合軍は、二千余の兵力を投入、白河城奪回の総攻撃にでた。

斎藤一は、会津藩軍事奉行小森一貫斎とともに第一線で攻撃を指揮した。

皮肉にも、この日も雨だった。

雨が降ると火縄銃は役に立たない。くわえて普段でも動きの遅い仙台兵は、到着の時間になっても姿がみえない。やむを得ず、細谷十太夫のゲリラ隊と新選組が攻撃を仕掛けた。そこへ仙台藩の本隊が着いた。

仙台藩の兵士は旗指物も指しているため敵にすぐ見つかってしまう。

「伏せろ、伏せろー」

斎藤は、声をからして叫ぶが、もはや統制がとれない。敵の砲弾が次々に、仙台藩兵の頭上に炸裂し、雪崩を打って敗走した。

輪王寺宮

六月十五日、会津若松はお祭り騒ぎだった。

この日、伏見宮邦家親王の第九王子で、今は亡き、孝明天皇の義弟、皇太子の義理の叔父に当たる輪王寺宮公現法親王が、滞在していたからである。

旧知の会津藩公用人、小野権之丞が、奥羽越の天皇にすべくお連れしたのだった。

「さすがは小野さんですね」

土方は小野の手腕に驚いた。

「土方君、宮は仙台に滞在される。会津を宜しくお願いする」

と小野がいった。

仙台藩と共同の極秘作戦だった。

鳥羽・伏見の戦いの後、輪王寺宮は慶喜の依頼を受けて東征大総督・有栖川宮熾仁《たるひと》親王を駿府城に訪ね、新政府に慶喜の助命と東征中止の嘆願を行なった。しかし熾仁親王に一蹴され、寛永寺へ戻った。

そして寛永寺に立て籠った彰義隊に擁立されて上野戦争に巻き込まれたが、そのさなか小野権之丞の手引きで、寛永寺を脱出、羽田沖に停泊していた幕府海軍の長鯨丸へ乗り込み東北に逃れ、平潟から会津に到着されたのだった。

それより以前の五月三日には、仙台で奥羽二十五藩の盟約書が調印され、さらに越後諸藩もこれに加わり、薩長討伐の大同盟が結成されていた。

その仕上げが、輪王寺宮を列藩同盟の盟主として仙台に迎え、年号を大政元年とし、輪王寺宮は即位して東武天皇とする壮大な案だった。

奥羽越こそ正義の軍隊と位置づけ、江戸侵攻の作戦書も作成した。

「問題は兵器、小銃、大砲が欲しい。白河を奪還できなければ、すべては砂上の楼閣になりますぞ」

土方が小野に苦言を呈した。

輪王寺宮は翌日、米沢経由、仙台に向け会津を出立した。米沢兵も加わり、行列は数百人をこえた。

輪王寺宮が姿を消すと、会津城下はふたたび戦争一色になり、野戦病院には、激戦続く越後からも大勢の怪我人が運ばれて来る。

「薬がない。包帯も切れた」

良順は苦悩の日々だった。

輪王寺宮も会津にとっては、線香花火のようなもので、むしろ虚脱感が残るだけだった。

よそ者

土方は、怪我のせいで考える時間もでき、人間の幅が広がった。

京都時代、新選組の強さは、斬り合いだった。集団で相手を囲み、鋭く斬り伏せた。沖田総司、永倉新八、みな錚々《そうそう》たる使い手だった。

武士道を懸命に追い求め、「士道に背き間敷事」をかかげ、一に切腹、二に切腹だった。

しかし、それはもはや通用しない過去のものだった。

時代は小銃、大砲、そして物資の補給、作戦、戦略だった。土方は、これまでとは異なる人間に、変わりつつあった。

大鳥圭介とは、付かず離れずの関係だった。

大鳥の伝習隊は、幕府からはみ出した部隊だった。はみ出しどころではない。幕府そのものが瓦解したのだから大鳥の私的な軍隊だった。

金がない、兵の補充もない、物資の補給もない。見方を変えれば、超人的なことを大鳥は行っていた。

だから大鳥と一緒に戦ったことは、大変勉強になった。

土方の心境は実戦部隊の中隊長から、師団参謀、あるいは師団長の立場だった。しかし会津からは要請がなかった。

あくまでも他所者《よそもの》であった。

配下の歩兵差図役近藤芳助の書簡に、

「会津に在留する内、会津人に非ざれば却って敵かとの疑いを味方に受くる事数回、実に身の置所なく」（『新選組史料集』）とあった。

「俺を使えば勝てるものを」

土方はそう思うことが、しばしばだった。

会津の重臣は保科正之が育った信州高遠以来の人が多く、しかも世襲だった。他所者が入りこむ隙が無いのが会津藩だった。

溜息

七月上旬、土方は湖南の新選組の屯所に姿を見せた。負傷した足は、まだ完治していなかったが、苦戦する味方を鼓舞するため、若松城下から馬を走らせた。

突然、現れた土方に新選組の隊員たちは、みな勇躍し、土方の周囲に集まった。

白河城奪還作戦に加わった隊員たちは、

「銃器の差が歴然で、どうしても白河城を奪い返せない。何とかならないか」

と口々に訴えた。

湖南町の石井郁家文書（『戊辰戦争会津東辺史料』）に隊員の編成表がある。名前は通称と異なるものも多い。

隊長役　山口二郎
副長役　安富才輔

軍目　島田魁
同　久米部正親
歩兵差図役頭取改役兼帯　近藤隼雄
歩兵差図役　尾関雅次郎
同　田村一郎
同什長　木下巌
同断　近藤芳助
同断　横倉甚五郎
大砲差図役　吉村芳太郎
歩兵差図役下役　大橋半三郎
〃　千田兵衛
〃　阿部隼太
〃　鈴木連三郎
〃　三品二郎
大砲警備隊下役　白戸友衛
〃　天海勝之助
〃　田中律造
籠役　梅戸勝之進
〃　漢一郎
隊長附　中島登

〃　小堀誠一郎
〃　和高虎之介
〃　吉田俊太郎
〃　池田七三郎
〃　円尾桂次郎
〃　新井破摩男
〃　田村六五郎
〃　清水卯吉
〃　松本棄輔
器械方頭取　斎藤秀全
〃　下役　立川主税
〃　高田文二郎
医者　大宮友賢
歩兵小頭取締役　河合弥三郎
歩兵小頭役　加藤定吉
〃　鈴木乙治
〃　中村清七
〃　西沢義吉
〃　藤本吉之介
〃　永田鎌三郎

〃　岸田兼吉
〃　林久吉
〃　黒川佐吉
歩兵　五十人
小者　九人
別当　三人

戦死者も出て容易ならざる情勢である。

「頑張ってくれたまえ」

皆を激励したが、隊員の表情は疲労困憊だった。

六月末に海路、平潟に上陸した薩長軍は一気に奥州街道を北上し、郡山近郊にまで達しようとしていた。

このころ鳥羽伏見で一緒に戦った旗本竹中重固が七発込め小銃五十挺、玉五万発を持参し、伝習士官二十四、五人とともに会津国境にやって来た。

その矢先、「まさか」と誰もが耳を疑う一報がもたらされた。

三春藩の裏切りである。

同盟の一角が崩れたことで、隣接する二本松藩が窮地に陥った。

「二本松を支援せねば」

土方は七月二十九日、新選組を率いて郡山二本松救援に向かおうとしたが、敵軍が二本松城下へ侵入したという知らせを受け、断腸の思いで、湖南へと引き返した。

この日、二本松城が落城した。

十三歳から十七歳までの少年隊が、戦場にて命を散らせた。二本松少年隊悲話である。

勢至堂峠

七月のある日、土方は、白河戦線の督戦のため白河街道の勢至堂峠に向かった。内藤介右衛門を総督とする一千の会津軍がここを守っていた。

勢至堂峠は白河口の要衝である。会津藩首脳は、ここから敵が攻めてくると判断し、精鋭を投入していた。

福良の入り口にさしかかったとき、陣屋に会津軍の歩哨が立っていた。あどけない表情の少年である。

「御免」

土方は、一気に走り抜けようと馬にムチを当てた。

「待てー」

少年はそういうや、小銃を発砲した。

土方は、くるりと馬首を変え、少年のもとに戻った。

「新選組の土方歳三だ。急ぎの用事で内藤殿の所に参る」

少年は、唖然として土方を見た。少年は、白虎二番士中隊の安達藤三郎である。

「失礼しました」

安達は顔面蒼白である。

「心配するな。君は役目を果たしただけだ。それでいいのだ」

土方はそういって、安達を励ました。

土方は、数日間、ここに滞在した。土方が来たというので、白河在から斎藤一が戻ってきた。

顔がやつれ、精彩がない。

「土方さん、先行きが暗い」

斎藤が声をひそめた。

「同盟軍の士気が低い。会津は死にもの狂いだが、仙台がバラバラだ。一部の兵は戦いを拒否して、国に帰り始めている。話にならん。敵は必ず決戦を挑んでくる。手薄な母成峠《ぼなり》があぶない」

「うーん」

土方は、困惑し、いずれ会津国境が破れることを予感した。

会津城下に敵が侵入すれば、はたして何日もつか。会津藩は、重大な危機に瀕していた。

慚愧母成峠

会津国境の防衛が急務となって来た。

八月十八日、会津本庁から新選組に対して、母成峠へ向かうよう求めてきた。

大鳥圭介も母成峠に転戦していた。

土方は、斎藤一を母成峠に向かわせた。

百人にも満たない兵力である。

母成峠は、猪苗代と本宮《もとみや》を結ぶ山道である。本宮のとなりは二本松、そこには二本松を落とした土佐と薩摩兵が待機していた。

「会津は強兵なので、仙台に向かう」

とおもわせぶりな宣伝を繰り返していた。

偽情報である。

土方は会津藩の家老内藤介右衛門と御霊櫃口《ごれいびつ》の会津藩第一砲兵隊の小原宇右衛門宛てに兵を回すよう要請したが、増援はなかった。

そのときの文書が石井郁家文書に残されている。

東方両陣将様
弥以御大切と相成候、明朝には必ず猪苗代へ押来り申すべく候間、諸口兵隊残らず御廻し相成候様致したく候、さも御座無く候らわば、明日中に若松迄も押来たり申すべく候間、この段申し上げ奉り候、以上
二十一日夜五つ
土方歳三
内藤君
小原君
（『戊辰戦争会津東辺史料』）

実に的確な分析だった。

この手紙が、内藤、小原の手元に届かなかったのか、あるいは無視したのか、それはわからないが、土方の天才的な勘が冴えわたる文書だった。

もし、母成峠を死守することができれば、情勢は変わっていた。

会津藩は結果として土方の情報を無視した。会津藩には土方の能力をどう生かすか、という発想がなか

った。土方は会津藩の反応の鈍さに失望した。

翌二十二日、土方は湖南にいた。

母成峠の方向から砲声が響いた。

馬で飛び出し、猪苗代から母成峠に向かう途中で、峠を突破した敵兵と木地小屋で遭遇し、酸川野《すかわの》で防戦に努めた。

滝沢本陣

土方の脳裏をよぎったのは、主君容保だった。かくなる上は鶴ヶ城に入り、容保を守らねばならない。土方はその一心で、会津若松を目指した。

途中で偶然、退却してきた斎藤一に出会い、滝沢本陣を目指した。

最前線の司令部である滝沢本陣に容保がいた。

「土方君、今日までよく支えてくれた」

容保の苦渋に満ちた顔があった。

会津藩兵は滝沢峠の手前で、防戦に努めたが破られ、二十三日早朝、敵兵は大野ケ原を越えて滝沢峠を下って来た。

砲声が城下に響いた。

「殿《との》、これから庄内に向かい、援軍をつれてまいります」

「そうしてくれるか」

容保がいった。

「斎藤、あとはたのむ」

土方は馬に飛び乗るや、米沢街道に馬首を向けた。庄内藩は、豪商本間家の支援をうけ最新鋭の小銃を完備、強力な軍隊を保持していた。

援軍がなければ、会津は持たない。

土方は必死だった。

米沢離脱

この夜は、土方は米沢に向かう峠の入り口、大塩村に一泊した。村には宿泊所もあり、大鳥の伝習隊、武器を運んできた竹中重固の顔もあった。

翌朝、土方は諸隊長と協議した。

「いま若松の危急を見捨てるのは不義なり。しかれども、兵はことごとく迷乱して用をなさない。また弾薬もない。米沢藩から弾薬を借りるべし。米沢は同盟である。策もあるべし」

土方は説いた。

翌朝、土方が米沢に向かうと関門を閉ざし、同盟を離脱していた。会津藩の使者は、何人もが関門の前で自決した。

庄内への道も閉ざされた。

土方は米沢藩に絶望した。

残された道は仙台だった。

杜の都

「島田、行くぞ」

土方は、島田魁ら数人を連れて、仙台を目指した。途中、白石に泊まった。伝習歩兵八十余人、新選組は安富才助ら九人である。

新選組と伝習歩兵の怪我人もなんとか白石にたどり着いた。


九月一日、土方は仙台に入った。

後年、杜《もり》の都と呼ばれる仙台は、緑に包まれた城下町だった。

但木土佐《ただきとさ》、玉虫左太夫《たまむしさだゆう》ら主戦派は、徹底抗戦を叫び、武家屋敷の周りに、多数の軍馬がつながれ、相馬国境で死闘を繰り広げていた。しかし、伊達藤五郎《だてとうごろう》、遠藤允信《えんどうもとのぶ》らは恭順を主張し、藩内は乱れに乱れていた。

傷ついた兵士が運び込まれてくるたびに、抗戦派の旗色が悪くなる。仙台が降伏するのも時間の問題だと、土方は思った。

仙台城の軍事局には、会津の小野権之丞、永岡敬次郎、諏訪常吉《すわつねきち》ら会津藩の参謀たちがいた。小野とは輪王寺宮の会津入りの際、再会していた。

「望みを絶たれた。もはや如何ともしがたい」

小野は肩を落とした。

諏訪も有能な公用方で、新選組の屯所によく顔をだしてくれた。

土方の顔を見るや、二人は異口同音に会津城下の戦いを聞いた。

「どこまでもつか、城下は黒煙を上げて燃えていた」

「そうか」

二人は悄然とうなだれた。

「容保公がかわいそうだ。これといった人物がそばにいない。なぜ西郷頼母が、白河の軍事総督か、これでは負ける。仙台も大事だが、せめて諏訪殿は城にいてほしかった」

　土方が苦言を呈すると、

「いわれて見ればそのとおりだ」

　小野はうなずきながら、土方を見つめた。

「母成峠も内藤君に危ないと伝えたが、何も反応なしだった。容保公のそばには梶原平馬君がおったが、彼も戦のことは何も知らない。鶴ヶ城はがら空きだった」

　土方は、怒りをぶちまけた。

「申し訳ない」

　諏訪がつぶやいた。

　土方が思うに、会津藩にはすぐれた人がいっぱいいた。しかし皆、公用人で、戦の専門家は皆無に近かった。そこが問題だった。大鳥圭介や自分をもっと使ってくれれば、という思いが土方にあった。

「負け戦になると皆逃げる。米沢もひどい。会津を見捨てた」

「やはり」

　小野と諏訪は青ざめた。

　武士道、隣人愛など無きに等しかった。

　以前、海舟が、

「奥羽には上に立つ人材なし」

　と、こきおろしたことがあった。

　その時は、土方も腹が立ったが、ここにきて、海舟のすごさを実感せざるを得なかった。

相馬も寝返り

仙台国境にも薩長軍が迫った。

相馬藩が寝返り、先鋒となって攻め込んで来た。相馬国境には二つの峠があった。浜街道に面した駒ケ峰と相馬中村城下を見下ろす旗巻峠である。ここから仙台まではわずかに十五里、六十キロである。破れれば仙台の街が火の海である。

駒ケ峰の戦闘は八月十一日から始まり、一進一退の攻防が続いていた。この間、相馬藩を介在して止戦工作も進んだ。そうした最中に榎本の艦隊が仙台へ入港したのだった。

主戦派は快哉を叫び、恭順派はもう遅いといった。

榎本艦隊入港の知らせに旧幕府の幹部が続々仙台に集合した。

人見勝太郎の遊撃隊、春日左衛門の陸軍隊も仙台にやって来た。

遅すぎた軍議

九月三日、仙台城で軍議が開かれた。

榎本の周囲を松平太郎、渋沢成一郎、人見勝太郎、徳山四郎左衛門、永井尚志、松平太郎、春日左衛門、土方歳三、フランス士官ブリューネ、カズヌーフ、通訳田島金太郎らが固めた。

会津から小野、諏訪、永岡のほかに武田虎太郎、中沢帯刀、南摩八之丞、その他庄内、上ノ山、米沢、山形、一関藩の重臣が顔をそろえた。

仙台からは但木土佐、坂英力、石母田但馬、石田正親、遠藤主税、伊達将監、古田山三郎、玉虫左太夫らの重臣が出席した。

榎本艦隊の入港で、仙台藩は主戦論が力を盛り返している。

仙台藩の主戦派が仙台領の地図を広げ、駒ケ峰の地理を示し、戦いの現状を説明した。

これを受けて、ブリューネが、一つ一つ作戦を指示した。冒頭、榎本は、

「奥羽の地は日本の六分の一を占めている。その兵士の数は五万に達する。この土地と兵をもってすれば、西国の兵など恐れるに足りない。機を見て軍略を行えば、勝ちを制することは困難ではない。しかし兵は調練が必要である。また兵学の原則によって活動する必要がある。よって、ここに軍務局をおき、フランス人二人を雇い、軍事謀略を決するとともに、能力ある参謀三、四人を採用し、外国教師の所見を仰ぐことが肝要である。連絡には馬を用いる」

と説いた。

しかし、すべての面で、現状とはかけ離れ、この軍議、何ら実を結ばなかった。

生殺与奪

榎本は、酒食のあと、

「奥羽越列藩同盟軍の総督には、土方歳三君がふさわしい」

と提案した。

皆、驚いて顔を見合わせた。

土方は、堂々と自分の意見を述べた。

「もとより、死を覚悟、生殺与奪の権を与えてくだされば、お引き受けいたす」

生殺与奪で紛糾した。

二本松藩の安部井《あべい》磐根《いわね》は、

「生殺与奪の権は主君が持つべきもの」

と反対し、この話は流れた。

仙台藩恭順派の遠藤允信は、榎本と土方が席を外すと、

「榎本、胆気愛すべし、然れども、順逆を知らず。土方に至りては屑のごとき小人、論ずるに足らず」

（『仙台戊辰史』）

と評した。

仙台という大藩の、しかも恭順派の重臣には、奇兵隊も新選組も分かるはずはなかった。

軍議は進展せず、訓練中の洋式部隊額兵隊が反乱を起こしたが、一日で鎮圧され、仙台藩が恭順する。

九月十二日、仙台藩は降伏を決め、南方に展開する諸隊に解兵を伝えた。これを聞いて榎本と土方が登城し、

「奥羽第一の強藩が薩長に屈するとはなんと陋劣か」

と恭順派の執政大條孫三郎《おおえだまごさぶろう》と遠藤文七郎らに詰め寄った。

榎本　西賊に屈して降を請い、解兵したのは事実か。
大條　事実なり。
榎本　愚、之より甚だしきものはない。
王制復古など薩長の策士が幕府を倒す道具として、拵え出したものだ。しかるに奥羽の旗頭ともいうべき仙台藩が降伏とはなんという醜態か。
傍らから土方も発言した。
土方　武士たるものは。薩長に屈するべきにあらず。
大條　無言。

遠藤　拙者の考えは諸君と異なる。王政復古は薩長の私為にあらず。
榎本　仙台城もいずれ他人のものとなるであろう。
遠藤　男子の言は金鉄なり。悔いることはない。

こうして会談は決裂した。仙台藩の主戦派は追放され、榎本の前から姿を消した。

「せんなきことだ」

会津藩の小野と諏訪は土方とともに、蝦夷地に向かうことになった。

小野は箱館病院の事務長として怪我人の治療に当たる。諏訪は会津遊撃隊を率いて転戦、敵艦隊の艦砲射撃を浴びて戦死する。惜しい人物だった。

第十一章　七隻の榎本艦隊

安部公房

昭和四十年のことである。

ノーベル賞に最も近いといわれた作家安部公房《あべこうぼう》が『榎本武揚』を刊行し、評判になったことがある。

その中で榎本と土方が、武士道について話しあう部分があった。

榎本　なにか勝算のみこみでもあれば。

土方　分かりません。会津が亡び庄内が亡び、奥羽を失ってしまえば、もはや徳川の生きのびる余地はない。

榎本　確かにそいつは問題だな。

土方　私は徳川のケライです。徳川が滅びれば、私の身分も亡びる。しかし私は、侍以外のものとして生きるつもりはないから、徳川と生死をともにするのです。

という会話があった。

土方は死に場所を求めて蝦夷地に来たと安部公房は書いた。

確かに蝦夷地での土方は、ある時期から死を求めて戦った男だった。

仙台に入港した榎本武揚は蝦夷地に新しい政権を作るという破天荒な構想を抱いていた。

「面白い」

と土方は思った。

「土方君、私は賛成しませんな」

仙台にたどり着いた松本良順がいった。

「オレは江戸に帰るよ。リウマチにやられて足が思うように動かない。それに蝦夷地だが、あそこはひどいところで、そう簡単に開拓などできるわけがない。だいたい榎本はいくら金を持っているのだ。食糧、弾薬、すべて金次第だ。軍艦だって、岩にぶつかれば木っ端微塵《みじん》だ。榎本は楽天家すぎるよ。彼はそういう癖がある」

良順の忌憚《きたん》のない意見に、土方はあえて反論をしなかった。

多分、先生のいう通りだろうと、内心は思った。榎本と良順は長崎で、ともに勉学をした仲である。それだけではない。良順は榎本の妻、たつの一族である。いわば身内なのだ。身内なだけに余計辛辣《しんらつ》である。

もう一つ、艦隊には将軍慶喜の主治医を務めた蘭方医、高松凌雲《たかまつりょううん》が乗船していた。

慶応三年に、慶喜の弟、徳川昭武《あきたけ》のお付き医師として、パリに渡った人物である。

「高松君がいれば万事大丈夫」

といった。

「分かりました。先生は江戸にお戻りください。先生は日本にとって大切な方です。薩長とて先生に危害を加えることはないでしょう」

「それは分からないが、そうするよ。榎本も悪い奴ではない。純粋ないい男だ。助けてやってくれ」

といった。

「はい」

土方は、大きくうなずいた。

仙台にたどり着いた新選組は四十人ほどだったが、多くは仙台藩に身を託し、蝦夷地渡航組は安富才助、尾関泉、島田魁、横倉甚五郎、蟻通勘吾、山野八十八、立川主税、沢忠介、市村鉄之助、田村銀之助ら二十数人だった。

そこで土方は諏訪常吉に頼んで備中松山藩士八人と唐津藩士二十三人を新選組に加入させ、軍団を編制した。

船団には収容人員に限度があり、桑名藩主松平定敬、備中松山藩主板倉勝静、唐津藩世子小笠原長行らの随員は三人に限定したので、行き場を失った家臣が大勢いた。

土方はその人間十七人も新選組に編入させた。かくて新選組の隊員は五十人を超えた。

仙台には、白河の戦争で大惨敗した会津藩の家老、西郷頼母親子の姿もあった。

実にあわれな風情だった。

会津降伏

九月末、会津降伏の知らせが入り、十月に入ると、情勢が変わった。

江戸の新政府首脳は、榎本艦隊への攻撃を決め、岩沼、相馬口に待機していた薩長軍に、榎本艦隊が錨を下ろす石巻に進攻を命じた。

刻々、敵の気配を感じた榎本は、艦隊を石巻の南東八キロの折ノ浜に移した。

かくて仙台藩は、一日も早い艦隊出航を榎本に求めた。

仙台藩は連日、山のような物資を艦隊に運び込んだ。

酒一斗入り千樽、沢庵三百樽、味噌二百樽、塩百五十俵、紫蘇油五十樽、椿油二十樽、水油七十樽、ごま油二百樽、上麻千貫目、中麻三百貫目、十匁ろうそく三万挺、梅干二百樽、大木椀三千人分、塗箸一万人分、白木綿百反、青竹千本、檎桐皮二十五貫目、椎たけ二百貫目、鰹節五百貫目、鶏卵三万個、鰑三万枚、仙台麹《こうじ》五十石、大豆五十俵、白砂糖三百貫目、醤油五百樽、米千俵……などと莫大な量だった。何百という荷車が折ノ浜を埋め尽くし、無数の小舟が艦隊の間を往復した。

貨物も増えたので集まった三千五百人は、とても収用しきれない。榎本は二千五百人に削り、後の処置は仙台藩に託した。

仙台出帆

十月十二日、榎本艦隊出航の日がきた。

「諸君、いよいよ決行の日が来た。われわれは力を合わせ、蝦夷地を開拓し、ロシアの南下に備える重大な使命を帯びている。われわれは決して帝に歯向かうものではない。しかし、薩長の官賊が攻撃を仕掛けたときは、断固打ち払うのみである」

幹部を集めて、榎本が挨拶した。

艦隊は汽笛を鳴らして折ノ浜を離れた。

仙台藩の洋式部隊額兵隊が、戦わずして恭順した藩の弱腰に反発し、榎本艦隊に乗船したこともあって、仙台藩からも大勢の人が見送った。

開陽、回天《かいてん》、蟠竜《ばんりゅう》、長鯨《ちょうげい》、神速《じんそく》、大江《おおえ》、鳳凰《ほうおう》の七隻が次の寄港地、気《け》仙沼《せんぬま》を目指して、太平洋を北上した。

陸軍諸隊の乗船は、次のように分かれていた。
開陽　伝習歩兵隊、遊撃隊、額兵隊一、三、四番小隊
回天　額兵隊二番小隊、一聯隊
蟠竜　遊撃隊の一部
長鯨　衝鋒隊、彰義隊、旭隊、砲兵隊
神速　会津遊撃隊
大江　新選組、伝習士官隊、工兵隊、陸軍隊
鳳凰　物資輸送
陸軍二千二百数十人、これに海軍を加えた約三千人の大部隊だった。（『土方歳三日記』）

気仙沼

最初の寄港地、気仙沼は日本有数の漁港で、仙台藩の塩田があった。そこに仙台藩の参謀、玉虫左太夫が待っているはずだった。

玉虫は一足先に気仙沼に入り、塩を集め、玉虫自身も乗船して蝦夷地に行くことになっていた。

艦隊は、ゆっくりと気仙沼湾に入り、沖合に停泊した。港に入った回天から端艇が下ろされ、岸壁に向かったが、玉虫の姿が見えなかった。

玉虫と艦隊の間に、連絡の手違いがあり、玉虫は前日に気仙沼を離れていたとされたが、追手につかまり、乗船を断念したともいう。

仙台に戻った玉虫は、仙台藩恭順派に逮捕され、戦争の責任を負って自刃に追い込まれる。痛ましい限りだった。

そのとき、旧幕府の輸送船千秋丸が隣の広田湾に停泊している、という情報が入った。

「拿捕せよ」

と旗艦開陽から手旗信号が発せられた。

回天が広田湾に急行、蝦夷地から塩鮭四万尾を積んで帰港する千秋丸を艦隊に編入した。

八隻の榎本艦隊は、次の寄港地宮古を目指した。

気仙沼からは、三陸のリアス式海岸である。

断崖絶壁が迫り、その荒々しい風景に眼を奪われた。

天候は快晴である。兵士たちは船旅の素晴らしさを満喫した。

宮古で食料や水を積み込んだ榎本艦隊は、十月十七日夜、蝦夷地に向け出帆した。

ここにフランス陸軍のマルラーレ、ホルターンら三人が来ており、乗船した。

箱館にはコラッシュ、ニコール、クラトーらが先行しており、砲兵、騎兵、銃隊の指導をすることになっていた。

フランス政府は手を引いたが、榎本が考える蝦夷島共和国に期待を寄せての先行投資だった。

艦隊は十九日から二十三日にかけて各艦バラバラに、内浦湾に面した駒ケ岳のふもと、鷲ノ木に到着した。

鷲ノ木

北の海は、早くも厳冬だった。

発達した冬の低気圧によって海は時化《しけ》ており、大波が押し寄せていた。皆、暗いうちから起きて、茫然と対岸を見つめていた。

慶応四年十月二十日、太陽暦十二月三日の早朝である。

江戸では明治元年と改元されていたが、蝦夷地ではまだ慶応である。

土方は、昨夜から興奮気味で、朝早く眼を覚ました。討ち入りの前夜と同じで、神経が高ぶった。

「土方君、来ましたなあ」

榎本がつぶやいた。

「ハイ」

土方は、身が引き締まる思いだった。

榎本が上陸地に選んだのは箱館ではなく、内浦湾の鷲ノ木だった。内浦湾は、箱館の裏側になる。

別名噴火湾。

対岸は室蘭《むろらん》で、湾の奥は長万部《おしゃまんべ》だった。

雲がちぎれるように流れ、前方に白雪をいただいた駒ケ岳の秀峰があり、辺りは荒涼たる雪原であった。

箱館の五稜郭には箱館府兵が駐在していた。

榎本が宮古で収集した情報では、府知事清水谷公考《きんなる》のもとに、津軽藩兵四百、松前藩兵二百、越前大野藩兵百七十、福山藩兵六百五十など千数百の兵がいた。

この兵との衝突を避けるため、鷲ノ木を選んだ。

開陽は二十日朝、鷲ノ木に入港した。

土方は対岸に眼をやった。遠くに民家が見えるが人の気配はない。

元彰義隊士丸毛利恒の記録、『北洲新話』に、

「この日、午後より海暴く浪高く、北風雪を吹いて咫尺《しせき》を弁ぜず、寒気殊に鋭し」

とあった。

肌を刺すような冷たさだ。

吐く息が白い。

胸が痛くなる。

「陸地の様子を見てまいれ」

榎本が叫び、二艘の端艇が陸に向かって漕ぎ出した。やがて横なぐりの雪に変わった。隣の艦が見えなくなるほどの吹雪である。

端艇が戻り、鷲ノ木の名主竹原卯三郎が歓迎の意を表していると告げた。

「上陸は明日にしよう。天候も回復しそうだ」

榎本がいった。

上陸開始

翌日、風もおさまり、太陽が顔を出した。

上陸開始である。

村の小舟が総動員され、大砲、弾薬、食糧を運び、兵を満載した端艇が艦船と浜辺の間を、ピストンのように往復した。

名主の卯三郎の母屋はがっしりした大きなつくりである。この辺りはニシンの宝庫で、暮らしぶりは予想以上に裕福である。

卯三郎は紋付、羽織姿の正装で、屋敷の前は足の踏み場もない雑踏である。新選組の石井勇次郎は、

「蝦夷地の民家は悉く昆布を以て屋根を葺き、草木の葉をもって衣となし、鳥獣を捕えて食となし、禽獣に等しきものと聞き及べり。上陸して四面を見るに、山海の風景、及び樹木の類を詠《なが》むれば、悉く他郷の

景色なり。民家の作りは美しく、男は美服を着し、言葉も奥羽の人より通じやすし」(『戊辰戦争見聞略記』)

と記した。

北の気候は、変わりやすい。

凪いでいた海が一瞬にして高波に変わり、一艘の端艇が転覆した。小舟も何艘かひっくり返った。

漁師たちが波間に浮かぶ二人の兵士を救いあげたが、一人は意識がなく、瞳孔が開いている。もう一人も顔面蒼白である。

高松凌雲が馬乗りになって、胸を押し続けたが、二人は助からなかった。

ほかに十六人が行方不明になった。

「ここまで来て何たることだ」

榎本は、緊張感を深めた。

出陣

いよいよ箱館に向けて出兵である。

箱館府への嘆願書を持参する人見勝太郎、本多幸七郎と兵五十が直ちに出発した。

翌二十二日、第二陣、第三陣が出発した。

第二陣は大鳥圭介を隊長に、大川正次郎、滝川充太郎指揮の旧幕府第一、第二大隊、伝習隊第二小隊、遊撃隊、新選組隊で、森、宿野辺、峠下の本道を進んだ。

箱館まで十里、約四十キロ、現在の国道五号線ぞいである。

第三陣は、土方歳三の率いる仙台藩額兵隊、旧幕府陸軍隊五百で、森、鹿部《しかべ》、川汲《かっくみ》の海岸線ぞいに出発した。

榎本は鷲ノ木の本営に詰め、情報収集に当たった。無血入城が理想だが、箱館府の動向によっては、戦闘に入ることもある。

二十三日早朝、大鳥圭介の第二陣から急報が入った。

「先発隊、峠下で銃撃さる」

報告を聞いた榎本は、

「ううむ」

と苦渋の表情を見せた。できれば戦いたくない。それが本音だった。

先発隊の人見らは峠下の宿場で仮眠中、突然、轟然と砲弾が二階の部屋を突き抜けた。

「夜襲だッ」

人見らはすぐ宿を飛び出した。敵は東南の丘から盛んに砲撃してくる。

「あの丘に登れ」

人見は敵の陣地を見下ろす小高い山に登るよう命じた。朝になると、眼下の敵がはっきりと見えた。先発隊の小銃が火を噴いた。

実戦経験のない敵兵は、むやみやたらに撃つだけで、一発も当たらない。

偵察の結果、峠下の南東四・五キロに敵の本営があった。敵兵は約二百、砲二門だった。

第二陣の大鳥圭介が応援に駆け付け、二小隊を率いて敵の本営を攻撃し、最後は抜刀隊が飛び込んで、粉砕した。

川汲峠

土方の第三軍も川汲温泉の近くで敵の攻撃をうけた。

「鷲ノ木より箱館まで行程本道十二里、間道十余里、この道の大将は土方歳三、仏人教師ブビヘー、陸軍隊長春日左衛門、額兵隊長星恂太郎《じゅんたろう》はじめとして、その勢い四百余人、その夜沙原。二十三日、鹿部に宿陣す」

仙台藩額兵隊の荒井宣行の戦闘記録『蝦夷錦』にこうあった。

土方は、戦闘意欲あふれる星恂太郎と気が合い、二人はともに数々の戦闘で戦うことになる。

川汲峠は指折りの難所だった。

峠は断崖絶壁の頂上にあり、敵はここに陣地を築き、待ち伏せていた。

土方は緊張した。

四百もの隊員の命を預かっている。兵士たちの眼が土方の一挙一動に注がれる。

「大将、戦いになれば大将の右に出る男は、誰もいませんよ」

島田魁は相変わらず楽天的だ。

中島登もしきりにうなずく。

それにしても極寒の行軍である。防寒具の準備はなく、それが心配だった。

突然、銃声が響いた。

「散れッ」

土方が叫んだ。

敵の姿は見えない。

息をひそめてこちらを見ているに違いない。

額兵隊活躍

「敵は峠の頂上にいるな」

土方は、副将の星恂太郎を相手に作戦を練った。

「星君、君は本道を衝いてくれ、私は間道から奇襲する」

「分かりました」

恂太郎がうなずいた。

夜半に風が止んだ。

月明かりのなかを出発である。恂太郎は、数十名を率いて本道を進んだ。白雪樹林のなかを一歩、一歩踏みしめて登る。

土方は二十人ほどの兵で、間道を登った。ズブズブと雪にはまる。一歩、また一歩、あえぎながら登る。

寒気肌に突き刺し、道路は凍って滑り、戦闘は難渋を極めた。

敵が気づいたらしい。本道で激しい銃撃が始まった。

恂太郎もなかなかの戦争巧者だ。

樹木の陰に姿を潜め、たくみに銃弾をよける。よけながら頂上に向けて発砲する。敵の眼を本道に向け、その間に土方が間道から攻撃する手はずになっている。

土方は渾身の力を込めて、峠を登った。

島田魁と中島登もあえぎながらついて来る。

峠の大地に出た。雪のなかに敵の陣地がある。敵兵約五十、本道に向けて撃ち続けている。

「いいか、十分に狙って撃てッ」

土方の命令一下、間道の奇襲部隊が火を噴いた。敵が驚いて後ろを振り返る。そこを目がけて撃ちまくる。敵は銃を捨てて逃げ出した。

勇猛果敢

土方は抜刀して躍り出た。

刃向かう敵を袈裟懸《けさがけ》に斬り、飛び込んで喉を突いた。土方の勇猛な戦いぶりは、兵士たちを興奮させた。

敵を追う土方は、まるで飛鳥のように舞い、鋭く太刀が一閃すると、敵の首は血しぶきを上げて白い雪に転がった。

本道を駆け登った星恂太郎は、見事な早業に呆然と立ち尽くした。辺りに死体が散乱し、敵の姿はない。

土方は、大きく息を吸って呼吸を整え、かすかに笑みを浮かべた。戦いは一瞬のうちに終わった。

「土方さんの下で光栄です」

恂太郎が、ぴょこんと頭を下げた。

土方は峠を下った。

箱館の海が見えた。

十月二十六日、各隊は、ほぼ同時に箱館五稜郭に無血入城した。

清水谷公考以下、箱館府兵はいち早く青森に逃走し、城は空だった。

ついに来たか。土方は感慨深く、五稜郭を見渡した。

天候が悪化し、ビュービューと海風が吹き、寒さが兵士たちを襲った。道は凍り、視界も悪い。しかし何とかここまでたどり着いた。

土方はようやく安堵した。

五稜郭

五稜郭は、箱館の郊外にあった。
洋風建築で、万事が洋風好みの榎本軍にぴったりの形をしていた。
五か所に独立した三角形の馬出し（壁塁）を設け、正面には半月堡というせり出した砲台があり、ぐっと前方を睨んでいた。
「驚いたなあ」
土方が声を張り上げた。
近くに山がないので、全体の姿はとらえにくいが、これまでの日本の城郭とは、まるで異なる洋式の要塞であった。
敵が攻め寄せれば、どの方角からも砲火を浴びせることができる。
部内には、天守閣のような高い建物は一切なく、箱館奉行所など平屋の建物が、二十棟ほど並んでいた。
五稜郭の規模は、次のようなものだった。
総面積　二十四万七千四百六十六平方メートル
曲輪の周囲　三千四百五十五メートル
土塁の高さ　平均六メートル
濠の幅　三十六メートル
濠の深さ　五・四メートル
見事なデザインだった。
ただし海岸から約二・五キロしか離れていないので、艦載砲でやられる危険があった。

それが唯一の欠点だった。

榎本の心配

鷲ノ木にとどまった榎本に一つ、心配事があった。

旗艦開陽の舵である。

どうも利き具合が悪いのだ。

昔から船の舵は、欅《けやき》の一枚板がいいと決まっている。

当初、仙台藩が神社の大木を切り出し、石巻に運ぶことになっていたが、仙台藩降伏とともに、話はどこかに消えた。そこで、板を張り合わせてつくったが、浪が高くなると、いまにも折れそうな感じである。

これでは駄目だと、鉄のバラスト入りの舵をつくり、なんとか蝦夷地まで回航して来た。

幸い、好天に恵まれたのでトラブルは無かったが、鷲ノ木で舵の状態を調べると、一部に亀裂が入り、再修理が必要と分かった。

本来、艦船の修理にはドック（船渠）が必要である。しかし、蝦夷地にあるはずもない。水のなかでの作業には、おのずから限度があった。

榎本はやむを得ず蟠竜、回天に先行を命じた。

十月二十五日夕刻、蟠竜、回天の二隻が箱館に出帆した。

責任者として松平太郎が乗艦した。

このとき湾内には三隻の蒸気船と、数十隻の和船が停泊していた。

甲板は鈴なりの人で日章旗をかかげた榎本艦隊の入港を皆が注目していた。

白雪をいだいた箱館山の麓に、大きな建物が見える。洋風の建築のようだ。

「機関停止ッ」

蟠竜丸艦長の松岡磐吉《ばんきち》が命じた。

蟠竜から機関の響きが消え、艦は惰性ですべるように前方に進む。やがて静かに止まった。

「アンカー・レッコ」（投錨）

ガラガラと錨が海中に落ちた。

回天も百メートルほど離れた海面に投錨した。

そのとき、イギリス国旗をかかげた蒸気船が煙をあげて抜錨した。

甲板に日本人兵士の姿が見えた。箱館を脱出する新政府の兵士たちである。

「武士の情けだ。追うな」

松岡が叫んだ。

洋風の雰囲気

港では積み荷を下ろす作業が始まった。

荷役夫が艦上に駆けあがり、武器、弾薬、食糧を小舟に積んで、波止場に運んだ。

「横浜に似ているな」

と皆が思った。

街の中央に何本かの広い川が流れていて、積もった雪をこの川に捨てるので、道路はいつでも歩ける状態になっていた。

歩道は石畳で、きわめて清潔である。

店舗も多い。食料品店には米、小麦、大麦、豆類、乾魚、海草、砂糖、鮭、醤油、甘藷、小麦粉など多くの商品が山積みになっている。

雑貨店をのぞくと、厚い木綿、陶磁器、漆器、台、箸、刃物類、毛皮がところ狭しと並んでいた。

箱館山の麓に足を延ばすと、一種独特の洋風の雰囲気を漂わせる元町があった。

ここからは港がよく見え、ハリストス正教会の白壁と緑の屋根、空にそびえる尖塔が目を引いた。

港は深く、広く、外国人船員が東洋のジブラルタルと呼ぶほどの美しさがあった。

この港に軍艦開陽を浮かべ、津軽海峡をパトロールすれば、いかなる敵も手も足も出まい。

土方はすべてに満足した。

開陽丸入港

十一月一日、旗艦開陽が、残る艦隊を率いて入港した。

キラキラと光る箱館の海に、開陽丸の勇姿が見えた。白地に赤の日の丸、日章旗が開陽によく似合った。

箱館の人々は、これほど美しい構造の艦船をつくる人間の頭脳に驚嘆した。以来、軍艦のとりこになった人も大勢いた。

榎本は二十一発の祝砲を放ち、箱館の人々に挨拶した。

祝砲は箱館の街を震わせ、雪が積もる箱館山に跳ね返って、ふたたび港にこだました。

人々は感動し、興奮の渦が箱館の街を包んだ。

将兵たちが、隊列を組んで港から五稜郭に行進した。

軍馬にまたがり、威風堂々と行進する榎本の姿に、市民たちは拍手を送った。

外国人の姿もあった。金髪の少女がいた。榎本は軽く手を振り、微笑んだ。

〝ＫＡＩＹＯＵＭＡＲＵ〟と艦尾に書かれたこの東洋一の軍艦は、蝦夷地の未来を担う希望の星であった。

船型　木造バーク型三本マスト
排水量　二五九〇トン
最大長　七二・八〇メートル
最大幅　一三・〇四メートル
深さ　五・七〇メートル（前部）
　六・四〇メートル（後部）
機関　四〇〇馬力蒸気機関一基
速力　一〇ノット
備砲　二六門
乗員　三五〇～五〇〇名

幕府がオランダに発注し、榎本が日本に回航した開陽丸は、動く不沈砲台であった。

榎本の周りにはブリューネらフランス軍事顧問団がいつもいて、フランス語を使ってあざやかに話していた。

そんな榎本を見ると、土方はこれが同じ日本人か、と想うことがしばしばあった。

顔立ちがよく、金ボタン、フロックコートの洋服姿は、いつみても惚々するほどスタイルもよく、どんなことにも情熱的かつ大胆に行動し、蝦夷地をヨーロッパのような富んだ国にする、と熱っぽく語り始めると、だれもがじっと耳を傾けた。

榎本の話を聞いていると、いまにも蒸気車が蝦夷地の原野を走り、港に世界の商船が停泊するように思えるから不思議である。

「世間はひろいものだ」

土方はいつも感心して聞き入った。

松前、和議を拒否

問題は松前藩の動向だった。

戦えば双方に損害が出る。

大島圭介は、途中の戦闘でとらえた松前藩士桜井恕三郎《じょさぶろう》に、蝦夷地に来た趣旨と、お互いに手をつなぎ蝦夷地を統治したい旨の書簡を手渡し、和平交渉に当たらせた。

ところが松前藩は、使者の首を刎ね、かたくなに話し合いを拒んだ。

これには土方も驚いた。

蝦夷地にある唯一の藩、松前は極めて特異な歴史を持っていた。

蝦夷地は、もともとアイヌの島である。

和人が移住を始めたのは、十五世紀頃からで、各地に館を造り、しだいに蝦夷地を領有した。

インディアンの土地に攻め込んだ、アメリカの歴史に似ている。

領土を奪われ、漁場を荒らされたアイヌは、当然のことながら和人を憎んだ。

長禄元年（一四五七）、東部の酋長コシャマインが反乱を起こした。

和人の館は赤い炎をあげて、次々に燃え落ち、逃げまどう和人をなぶり殺した。

この時、江差に近い、上ノ国の花沢領主蠣崎季繁《かきざきすえしげ》の客将、武田信広が決戦に及んだ。

信広はいったん負けたように見せかけて逃げ、木陰に隠れて追ってくるコシャマイン父子を強弓で射殺した。

大将父子を失ったアイヌは、大混乱に陥り、ちりぢりに敗走、アイヌの追撃は終わった。

この功績で季繁の娘婿に迎えられた信広は、蠣崎氏を継ぎ、和人の頂点に立った。

暫く平和が続いたが、永正十二年（一五一五）、東部の酋長ショヤ・コウジ兄弟が、信広の子光広が守る徳山館を急襲した。光広は和議を結び、兄弟を館に招待、スキを見て武装兵士が飛びかかり、兄弟を斬り殺した。

「ひどい話だ」

土方は、地元民からこうしたアイヌの歴史を聞き、胸が痛んだ。

和人は狡猾

松前藩は、蠣崎氏の末裔の創設だった。

松前藩とアイヌの戦いは、その後も絶えなかった。

松前藩が蝦夷地を支配したとはいえ、当時、奥地には石狩の大酋長ハウカセ、メナシクルの副酋長シャクシャインらがおり、対立していた。

寛文九年（一六六九）、ついに全土のアイヌ民族が結集して、〝蝦夷を取り戻そう〟と松前藩攻撃に立ち上がった。

アイヌの軍団は、各地で操業する和人の漁船を襲って、百数十名を殺害し、松前に迫った。

驚いた幕府は、津軽、南部、秋田藩にも出兵を命じ、アイヌの猛攻を撃退、アイヌの総大将シャクシャインを追いつめ、投降を勧めた。

あとはいつもの手、だまし討ちである。

講和の宴席にノコノコ出て来たシャクシャインは、したたか酒を呑まされたうえ、惨殺された。

反乱は終わり、松前藩の蝦夷地支配はゆるぎないものになった。

アイヌ民族の崩壊である。

アイヌは、あまりにも正直すぎ、和人はひどく狡猾《こうかつ》だった。

松前藩は、策略にたけている。

つい最近まで、松前藩は奥羽越列藩同盟の一員だった。ところがこの八月に、藩内に反乱が起こった。

十八代藩主松前徳広が病弱で、心神喪失、いまでいうノイローゼ状態だったため、藩政が一層混乱した。

佐幕だ、薩長だと論争が絶えず、あとは後継者争いに端を発するお定まりの下剋上である。そうなると、この藩は陰湿だ。

鈴木織太郎、下国《しものくに》東太郎ら反主流派の若手武士が、筆頭家老の松前勘解由、家老蠣崎監三宅を襲い、蠣崎を殺害、勘解由を自刃に追い込み、藩政を握った。勘解由らは徳広を諦め、いとこの敦千代を後継者に考えていた。

勤王派への転換という名目だったが、松前藩に流れる血塗られた藩風が、若手藩士を狂わせた。病弱の主君の方が御し易いという都合のいい考えである。

松前は、かつて幕府直轄の統治を受けている。ロシアの南下に備え、幕府の援助で城郭も整備した。

「幕府に恩義があるではないか」

大鳥も松前藩のやり方を疑問視した。

松前攻撃

「土方君、松前を攻略するしかないな」

榎本がいった。榎本は身分にこだわらない人物だった。

実力本位で人を評価し、実戦部隊のトップは土方と決めていた。これはオランダで学んだ人材登用だった。土方はすぐ攻めることには反対だった。

お互いに犠牲者が出る。いいことは何もなかった。

できれば和議を結びたい。そう考えた。

そのおり土方は、箱館の亀田屋旅館に松前藩の反幕府派、正義隊の谷十郎が宿泊しているのを知り、旅館に谷を訪ねた。

谷は江戸で松前藩の親幕府派を殺害、米国船で箱館に戻って来たところだった。助命嘆願を申し出たので、土方は通行証を渡し、松前への帰国を許し、和議の交渉をさせることにした。

松前藩は以前、親幕府派だった。当初、奥羽越列藩同盟にも使者を送ったが、その後、勤王クーデターが起こり、首脳が一掃され、反幕府派が首脳部を占めた。

土方が松前に向けて出発したのは十月二十八日である。率いる兵は彰義隊、額兵隊、陸軍隊、新選組隊、砲兵、大砲二門、合わせて七百余人だった。

途中、松前兵の夜襲に遭い、混乱したが、これを蹴散らして知内峠を越え、十一月四日には麓の荒谷村に宿陣を張った。

松前は渡島半島の西南端にある蝦夷地唯一の城下町である。

城の周囲に美しい町並があった。

十一月五日、土方の兵は松前城下に迫った。松前城は海に面した城で、海の方角に七座、沿岸台地に二十数座の砲台を築いていた。

後方は小高い丘陵で、その斜面に社寺や墓石が並び、平坦な丘陵の上に城壁を築き、天守がそびえていた。

土方は斥候を出して敵の兵力、大砲の位置を調べ、たちどころに弱点を見つけ間髪をいれずに攻撃に移った。

アイヌは神のいる場所を襲わない、という習性を利用した巧妙な配備だった。

「面白い。後ろはがら空きだな」

土方が呟いた。

土方は正面を避け、横に彰義隊、後方に額兵隊、陸軍隊を配した。彰義隊が横合いから大砲で攻撃し、敵の混乱に乗じて、一気に後方から突撃する作戦である。

敵の大砲は正面にしかない。

土方はまず、城と谷ひとつ挟んだ高台にある法華寺に大砲を設置した。

海からは軍艦回天が、艦砲射撃で城を狙っていた。法華寺から城までは、直線距離で約四百メートル。城はすぐ間近に見え、何の障害物もない。

砲撃には、まさに絶好のポジションだ。

進撃ラッパ

土方が拳銃を放ち、ラッパが鳴った。戦闘開始である。彰義隊の渋沢成一郎は、狙いをつけて追手門に砲弾を浴びせた。

松前兵は正面の大砲を移動させ、搦手門を開いて撃ってきた。撃ち終わると、急いで城門を閉める。門の開閉に時間がかかる。

「城門のわきに兵を潜ませろッ」

土方が命じた。

頭の回転が早い。敵の弱点を瞬時に見抜く。狙撃兵が城門の脇に潜んだ。

城門が開いた。

敵兵が大砲を引っ張り出す。

「それッ」

狙撃兵がわきから一斉に小銃を撃った。敵はバタバタと斃れ、大砲を放置して城内に逃げ込む。

「いまだ、突撃ッ」

土方は自ら抜刀して城門をくぐり、二の丸、三の丸、奥御殿に走った。敵は火を放って逃げまどい、城下町にも火を付けた。

土方は、松前兵の狂気に腹が立った。城下町を残しておくと、榎本軍に使われる。それなら焼いてしまえ、という姑息な手段である。

城下は紅蓮《ぐれん》の炎をあげて燃え、松前の町は灰燼に帰した。

藩主徳広は江差に逃れた。

榎本も乗船、蟠竜が海から援護した。

松前攻略の際、土方が隠れていた藩主夫人を見つけ、東京に送り届けたという逸話があった。これは土方ではなく、遊撃隊長人見勝太郎とされている。

額兵隊の戦闘記録『蝦夷錦』にこうあった。


老弱男女、山野に逃れ、迷いければ、我軍これを防がしめ、城下の出入り口を厳重に固めたり。その日暮、松前右京なるものの家に入りて宿陣し、市内鎮撫を司る。土方歳三は彰義隊、衝鋒隊を率い城を守る。この日、敵を殺す二十余人、生け捕り五人、傷者数を知らず。敵の武器を取ること大砲三十六門、民家の焼亡千九百八十屋。

土方軍の大勝利だった。

時刻は、午後一時ころだった。

土方はたった数時間で、松前城を攻め落とした。

榎本上機嫌

この間、榎本は、いつも松前の方角を見ていた。そこに松前から勝利の知らせが入った。

「そうか、そうか、御苦労であった。休め、休め」

兵士の苦労をたたえた。

松前―箱館間は約二十五里、百キロの距離である。途中で何度か馬を乗り継ぐが、雪道で思うように走れず、伝令は難渋した。

「土方君は強いですなあ」

副総督の松平太郎がいった。

「土方君はわれわれとは違う。殺気が漂っていて、敵の方から逃げ出して行く」

榎本は上機嫌だった。

「榎本さん、戦は頭ではありませんな。臨機応変にどう身体が動くかです。その場その場に応じていかに早く、奇襲、待ち伏せ、あるいは闇討と戦法を使い分けるかです。まあ度胸と訓練ですかな」

松平がうなずいた。

京都時代、新選組というだけで色里の女は熱をあげ、壬生の屯所に若い娘が群がった。

だが、戦場で女を犯すことだけは、かたく禁じていた。

見つかれば即、切腹である。

色里の女とはどんなに遊んでもいい、だが一般の子女を犯してはならない。土方は特にうるさかった。

もともと農民の出である近藤と土方は、武士以上に士道を求めた。

箱館に来てからは、女を求めることはしなかった。死ぬ気で向かわなければ、敵の死命を制することはできないと、色恋沙汰は、封印した。

土方は実に厳しい武将だった。

松前町史

北海道では榎本軍のことを脱走軍、あるいは徳川脱走と呼んだ。

脱走軍と松前兵との間には、戦力においてかなりの差があり、松前は負けるべくして負けたといえた。

このときの戦闘の懐古談が『松前町史』に載っている。


脱走兵が来るので、尻内へ出陣ということになって、士族たちは全部城中に召集された。小具足に陣羽織の者、烏帽子をかぶった者、または金筋入りの白鉢巻をした者、兵卒は火縄銃に切袴で草鞋がけという扮装であった。

お城からご出陣というときは、法螺貝をブウーと吹いて太鼓をドンドン叩き、士《さむらい》大将の進めの号令で、しずしずと繰り出した。ところが戦争になってからは、こちらが強くないのか、脱走兵の方が強過ぎたのか、いつも負けてばかりいた。

なにしろ火縄銃で鉄砲を掃除して、玉をこめてフウッと縄を吹いてドンと一発撃つ間に、榎本軍は新式の銃で五、六発も撃ってくる。

というわけで、こちらは具足をつけているのに、あちらは股引き、脚絆という身軽な扮装で、動作も敏捷であった。

こうしたなか、七十二歳の松前藩士田村量吉が本丸御殿で土方軍と斬り合って負傷し、割腹自殺をしたのをはじめ、足軽北島幸次郎の妻美岐が、落城を悲嘆して鋏で喉を突いて自刃するなどの悲話もあった。

敗れた松前藩兵は、逃れる際に自ら城下町に火を放ち、厳冬期を前に、多くの市民が悲惨な生活を強いられた。

江差進撃

土方は松前から江差《えさし》に進攻した。

「同月十二日、福山（松前）城を発し江差へ向かう。先鋒額兵隊、その次衝鋒隊、彰義隊、都合五百余人、土方歳三総督たり」

『蝦夷錦』は誇らしげに記述した。

途中、大滝山で敵の砲兵に行く手をはばまれたが、敵の後方に回って砲台を撃破し、江差になだれ込んだ。

松前兵は、慌てて館城に逃げ込んだ。

箱館から駆け付けた松岡四郎次郎の中隊二百余名がこれを追い、江差の東方二十キロの館城を攻めた。

館城もロシアを意識して築いた城で、二つの川が合流する台地の上にあった。周囲に壕を掘り、内側には木柵をめぐらせ、東西南北に城門を築き、そこに大砲を備えていた。

ここも撃ち終わると、引っ込めて門を閉じる。その繰り返しである。

はじめ戸惑った松岡隊も、そこに一定の間隔があることを知るや、狙撃兵を配して、一つ一つ城門を撃ち破った。

このとき、死に物狂いで戦った一人の坊主がいた。

三上超順である。

乱戦の中を少しも恐れず、左手に銃弾を防ぐ盾を持ち、右手で刀を振り回し、味方の兵一人が斬殺された。これを見て一聯隊の嚮導役伊奈誠一郎が立ち向かったが、伊奈も斬られた。

差図役頭取の横田豊三郎がピストルで応戦したが不発、刀を抜かんとして雪道に滑って倒れ、手首を斬られた。最後は軍監堀覚之助が飛鳥のように飛びかかって、超順を斬り倒し、横田を助けた。

皆、超順の奮戦に胆を冷やした。

土方軍はこの戦闘で十二人の犠牲者を出した。

徳広自殺

藩主徳広は熊石村に逃れたが、病状が悪化し、駕籠の中で謡曲のようなものをうなり、失神状態になっていた。

家臣たちは青森に逃れるため船を探したが、厳冬期のため船囲いしていて使用できず、関内村まで行ってようやく長栄丸を見つけ、浮力を増すために酒樽五十個ほどを船べりにくくりつけ藩主の家族、重臣ら七十一人が乗船、船乗り十二人で、日本海に乗り出した。

船は二夜漂流、津軽の海岸に漂着した。途中で五歳の鋭姫が死亡、藩主一行は津軽藩の厚意で、弘前薬王院に入ったが、徳広は肺結核の亢進による心神衰弱で、自殺したという。二十五歳だった。

松前は悲劇の藩だった。

残された兵士、数百人は白旗をかかげて降伏した。

榎本軍が蝦夷地に上陸してちょうど二十五日で全島が平定され、戦乱は終わった。

土方は、館落城の知らせに大きく息をついて安堵した。

何年ぶりだろうか。土方は久方ぶりに勝利の快感を味わった。

先駆者

榎本は、日々、箱館を探索した。

榎本は以前から五稜郭の設計者武田斐三郎《あやさぶろう》に敬意を表していた。

榎本がかつて蝦夷地を歩いたとき、斐三郎も一緒だった。こわい人で、よく怒鳴られた。

じっとしているのが嫌いで、あらゆることに興味を示した。

興味の対象は動物、植物、海洋、造船、外国語、天文、測量、航海とあらゆる分野に及んだ。

箱館に開いた幕府の学問所では、箱館に駐在する外交官を講師に採用するなど、進歩的な教育で幾多の人材を育てた。

郵便制度の生みの親、前島密、鉄道の権威井上勝、航海学者蛯子末次郎、工部大学校教授山尾庸三らである。

もともとは大坂で適塾を主宰する蘭学者緒方洪庵の門下生で、その語学力は適塾でも随一といわれた。

大島圭介、高松凌雲はここで、斐三郎と一緒だった。

当時、蝦夷地の人口は数万人、まだまだ未開の大地であった。

現在の北海道だけではない。樺太、千島列島を含む広大な地域であった。

知床半島のすぐ隣は、国後《くなしり》島、さらに色丹《しこたん》、択捉《えとろふ》、得撫《うるっぷ》島と続き、カムチャツカ半島につながっていた。

この蝦夷地が注目を集めるようになったのは、いつのころからであろうか。

天明年間、ロシアに領土的野心があるとオランダが警告し、がぜん、北方問題が浮上した。具体的な形となって現れたのは、寛政四年（一七九二）である。ロシアの使節アダム・ラクスマンが、伊勢の漂流者光太夫を伴って根室に来航、交易を求めた。

探検家群像

驚いた幕府がはじめて、蝦夷地の調査に乗り出す。伊能忠敬、間宮林蔵ら著名な探検家が蝦夷地に足を踏み入れ、樺太の対岸、黒龍江の下流まで調査を進め、詳細な地図をつくった。

ラクスマンの根室来航から十二年後の文化元年（一八〇四）、今度はレザノフが長崎に来航し、通商を求めた。

通商を拒否されるや、樺太の久春古丹《くしゅんこたん》に兵を上陸させ、漁師の番小屋を襲い、番人四人を拉致し、二隻の軍艦で択捉島も襲い、守備に当たっていた南部、津軽藩兵を討ち破った。

驚いた幕府は、南部、津軽の他に秋田、庄内、仙台、会津藩にも蝦夷地に領地を与え、出兵を命じた。

越冬は悲惨をきわめた。

寒さと野菜不足で、壊血病にかかり、ハタハタと倒れた。記録によれば、越冬隊の三分の二が、ひと冬に死亡している。

ストーブが普及し、壊血病の予防にコーヒーを飲むことが奨励された。おかげで、死者は年々減ったが、箱館から一歩、奥地に入れば、人跡未踏の辺境であった。

その蝦夷地も、ペリーの来航で、新時代を迎えた。

天然の良港として、箱館が諸外国に開放されたからである。

幕府は対ロシア戦略のため、洋式城塞五稜郭と弁天台場を築いた。工事に当たったのが、武田斐三郎だった。

箱館には物理や化学、語学を学ぶ学問所、諸術調所も開設され、全国から学生が集まった。西洋式帆船の建造も進み、蝦夷地の探検も行われた。

外交面では、安政三年にアメリカの貿易参事官ライスが着任、続いてロシア、イギリス、オランダ、フランス、プロシャの外交官が赴任し、箱館に外国文化がもたらされた。

貿易も始まった。

外国商船は蝦夷地の産物、イリコ、干鮑、昆布を清国に運び、大いに利益を得ていた。

「蝦夷地は大いに可能性がある」

榎本は日本国のために蝦夷地を開拓しようと決意を新たにした。

医療も重要だった。

榎本は高松凌雲とともに、箱館病院の開設にも奔走した。

若き日、オランダで学んだ榎本は、病院の重要性を認識していた。これから戦闘が始まれば、怪我人が続出する。

院長となる高松凌雲もパリで、フランスの医療施設を見ており、赤十字の精神で病院を運営すると理想に燃えていた。

赤十字精神というのは、敵味方に関係なく治療にあたるというものだった。二人の理想主義が、ぴったり一致し、楽しそうな雰囲気だった。

幸い箱館には医学所があり、そこに病院を併設するのだ。

このころ病院といえるのは、長崎の養生所ぐらいなものだった。

事務長には交渉にたけた会津藩公用方の小野権之丞を選んだ。

開陽丸出動

当時、通信の手段はなかった。

江差に向かった土方軍の動向も日々、連絡が来るわけではない。

「土方君らが頑張ってくれて松前も落ち、江差に戦いが移っている。軍艦で応援に行こう」

榎本がいった。

このとき、江差の館城は落城寸前だった。

陸軍が全力で戦っている。海軍がなにもせずにいるのも具合が悪い。そんな程度の話だった。

開陽丸は実戦の経験が乏しい軍艦だった。

鳥羽伏見の戦いのとき、薩摩の軍艦と砲火を交えた程度で、兵の訓練も十分ではなかった。訓練にはいい機会だと榎本は判断した。

開陽の乗組員は、運航、砲術、海兵隊の三つに分かれ、運航要員は、帆走設備、機関、錨、索具の点検、水、食糧の積み込み等艦内のあらゆる作業に就いていた。

砲術班は、大砲の点検に余念がなかった。

乗組員の数は砲数を基に算出され、砲一門について十人ほど必要だった。

開陽の備砲は三十五門なので、三百五十名前後が乗り組んでいた。これに予備の兵も加え、乗員は約四百人だった。

艦内で使われる言葉は英語、オランダ語、日本語が入り乱れ、はじめての人はとまどうことが多かった。

提督はアドミラル、艦隊司令はコマドドア、艦長はコマンディングであり、エンジニア（機械方）、ガンナー（大砲方）、コクスン（艦載艇長）、ボースン（水夫頭）、マスター（測量方）、カーペンター（船匠方）、サージャント（海兵隊）、ドラマー（鼓手）、セールメーカー（帆縫方）、パーサー（主計官）などと呼ばれる下士官がいた。

しかし、にわかに乗り組んだ乗組員には、ちんぷんかんぷんであり、士官がこうした呼び名を使っているに過ぎなかった。

開陽艦上での榎本は、実にテキパキしていた。

外国語がポンポンと飛び出し、士官、下士官たちは、規律正しく、榎本に接していた。

榎本の周辺には艦長の沢太郎左衛門や機関長の中島三郎助がいつもいて、たえず綿密な打ち合わせをしていた。

今回の出航は、訓練ということなので、だれも反対はしなかった。

観音の鉄

日本にはまだ船員や水兵を養成する学校はなく、水兵は千差万別だった。

軍艦に乗って蝦夷地まで来ようというのだから、まともな奴ばかりではなかった。なかには身体いっぱいに竜の刺青があり、背中には高さ五寸、幅三寸の観音像を彫り込んだ観音の鉄のような男もいた。

観音の鉄は、士官の眼をかすめては賭場を開き、腕と度胸でたちまち水兵の親分になった。

上陸すると、今度は酒と女と喧嘩の毎日である。

本人は遊びの程度を心得ているので、バカな真似はしないのだが、遊び盛りの子分たちはいつもゴタゴタが絶えない。

女をめぐって子分の一人が刺される事件があり、観音の鉄が血だるまの男をかついで、高松凌雲の病院に駆け込んだこともあった。

観音の鉄の仕事は、雑役夫の親分程度だろうと考えられていたが、それが大砲掛りと聞いて驚いた人もいた。しかも弾丸を一度も撃ったことがない、というのだから榎本が訓練の必要性を語るのも無理からぬことだった。

ただし、弾薬には限度があり、むやみに撃つことはできなかった。天下無敵に見える榎本艦隊も、一皮むくと、危なっかしいところがいっぱいあった。

だから開陽丸の扱いは、慎重にも慎重を期す必要があった。

第十二章　開陽丸の悲劇

汽笛

十一月十四日午前、開陽丸は汽笛を鳴らして箱館を出航した。

「ボオーッ」

汽笛が箱館の港にこだまし、見送った艦隊司令の荒井郁之助は不思議な寂しさに襲われた。

この日は朝から強い風が吹き、ときおり雪が舞った。しかし、出航の直前になって、風が止み、カラリと晴れた。

誰もがおのれの明日の運命を知らない。

まさか虎の子の開陽丸が遭難するなど、夢にも思わないことだった。

開陽丸は次第に小さくなり、やがて津軽海峡に姿を消した。

津軽海峡は本州側が下北半島の大間崎、津軽半島の龍飛崎《たっぴざき》、蝦夷地側は渡島《おしま》半島の汐首岬《しおくび》、白神岬の四つの岬に囲まれていた。

海峡の中央部は、日本海から太平洋に強い潮の流れがあり、逆立つ激流が渦を巻いた。

その流れは最高時で六ノットもあり、小舟が巻き込まれると、太平洋に一気に流された。

一ノットは、一時間に一海里（千八百五十二メートル）走る速度で、六ノットだと一時間に六海里（一万千百十二メートル）、時速約十一キロになる。

開陽丸は蒸気の気圧をあげて、力強く走った。

木古内、松前に至る海岸線は、磯魚の漁場で、何艘もの小舟が海に出ていた。

昼過ぎになると再び風が強まり、皆、浜辺に逃げ帰った。この日の午後、開陽丸は松前の港に入港した。

錨を打って上陸した榎本は、松前の町を視察し、陸路、先行した松平太郎と軍議を開いた。夕食のとき遊撃隊長の人見《ひとみ》勝太郎《かつたろう》と雑談した。

「この暴風雪を侵し江差へ危険な航海をする必要があるのか。わずかな敵を討ちに江差に出かけるのは、鶏を割くのに、牛刀を用いるごときもので危険ではないか」

と人見がいった。

「江差につれて行き、大砲の二、三発も撃たせるつもりだ」

と榎本が答えた。

人見は榎本も若造だなと感じた。

虎の子の軍艦である。

もっと大事に扱うべきではないか。軽率といおうか、自信過剰といおうか、いささか向こう見ずの感じがした。

陸軍が大活躍している。海軍はこれといって活躍してはいない。しかしそんなことは、どうだというのだ。

いずれ敵は軍艦で攻めてくる。活躍すべきは、そのときではないかと人見は思った。

榎本は国際人としてのキャリアは十分だったが、まだ三十代の前半である。念には念を入れるという心境には、まだ遠かった。

周辺にセーブをかける人もいなかった。

松前を出た開陽丸は十五日早朝、無事に江差沖に到着し、夜が明けるのを待った。


岸上二、三カ所ニ篝火《かがりび》ヲ見ルノミ。姑《しばら》クシテ天明、北風ニシテ降雪、満山平波、恰《あたか》モ銀ヲ鋪《し》ケル如ク、風景内地ト大ニ異ナリ寒威殊ニ烈シク、耳鼻ヲ削ラル如シ。

と幕臣小杉雅之進の『麦叢録』にあった。

弁天島

昨夜の吹雪で対岸の山々は真っ白だったが、まずまずの天候だった。

右前方には鷗島が見えた。通称弁天島である。

「妙に静かだなあー」

榎本は、望遠鏡で浜辺を見た。

人っこ一人いない。わずかに篝火らしいものが二、三か所見えるだけで、さっぱり敵情が摑めない。

「沢さん、一発お見舞いするか」

榎本がいい、沢は、三十ポンド施条砲を一発、ぶっ放した。

轟音が江差の海に轟き、人気のない山腹に雪煙があがった。

「なにも反応がありませんな」

と沢がいった。

榎本は首をかしげた。

一体、どうしたというのだ。戸数約三千戸、人口一万人の江差の町がもぬけの殻なのだ。

一発、二発、続けざまに七発の砲弾を撃ち込んだ。それでも人影は見えない。

「これは誰もおらんな」

榎本は、すでに江差の戦闘が終わったことを知った。土方軍は逃げる敵を追い、さらに奥に進んだに違いない。

「斥候を出せ」

開陽丸は鷗島を左手に見て陸地に接近して錨を下ろし、端艇で海兵隊を上陸させた。

間もなく戻ってきた兵士たちが、町は空っぽで、老人がいるだけだと告げた。

「われわれも上陸しよう」

榎本が沢にいった。

上陸の謎

誰が開陽丸に残り、誰が上陸したかは諸説がある。榎本は上陸しなかったという説もある。例えば江差奉行調役を務めた幕臣の石川忠恕の「説夢録」(『箱館戦争史料集』)には、

「連日の暴風激浪のため艦中の榎本を始め上陸するを得ず」

とある。しかしこの本は戦後、津軽の寺院に謹慎中に、

「同志数人と校合せり」

とあり、榎本は艦に残っていたことにしようと談合した可能性大である。

艦長の沢も一緒に上陸した。

榎本らが町を歩くと、民家の扉が少し開いて、老婆が恐る恐る顔を出した。なにも心配がないと分かる

と、どこからともなく人が現れ、商人たちも笑みを浮かべて出迎えた。

榎本は松前藩の江差役所を本営とし、町の廻船問屋で休憩した。昨夜はほとんど寝ていないせいか、少しの酒で酔いが回った。

これがまずかった。

榎本らは、近くに宿をとり、ここで陸軍の到着を待つことにした。ところが、夜の九時ころ異変が起こった。

夜ニ入リ風倍凛烈《りんれつ》、是ノ時ニ当リ艦中懈《おこたり》ナク蒸気ヲ貯ヘ居タリシニ、夜十時頃ニ至リ碇《いかり》保ツ能《あた》ハズ
（『麦叢録』）

という緊急事態になった。

このころ榎本は風の音でわれに返った。

ビューと物凄い音がする。

「開陽が」

榎本は短い言葉を発して飛び出した。

風は北西に変わっていた。高浪が砂浜に押し寄せている。

「クダリ（南風）が急にタバ風（北西風）に変わった。これは危ねえ」

と地元の人がいった。

開陽丸は最初に錨を打った地点からさらに左に移動しており、木の葉のように揺れていた。

轟々ととどろく海鳴り。

どうやら開陽丸が動いている。走錨《そうびょう》だ。榎本の顔から血の気が失せた。

激しい風浪で錨が利かない。

「端艇を出せッ」

榎本の顔は蒼白である。声が上ずり、気もそぞろの様子で浜辺を右に左に走った。こぎ出した端艇は、
押し戻され、進むことは不可能だった。

黒雲が夜空を埋め、突然シタキが襲ってきたのである。

間もなく、猛吹雪となり、もうなにも見えない。

「篝火だ。篝火だ」

榎本はわめいた。

ボオー、ボオー、ボオーッ
SOSを知らせる信号灯であろうか。

吹雪の間からキラリと光が見えた。

「く、く、く」

榎本は声もない。

土地の漁師もただ呆然と見つめている。風は一層激しさを増し、とても船を出せる状況ではない。

海は悪魔のように咆え、小山の白浪が浜辺を飛び越え、飛沫となって榎本らを襲った。

冬、蝦夷地の海は風速二、三十メートルを超す烈風がよく吹いた。

船乗りの鉄則は、気象の変化をいち早く読み、荒天準備をすることである。

この場合、榎本は風が強まる前に開陽に戻り、蒸気を焚いて沖合に出て、待機すべきであった。

「あああ」

榎本は絶句した。

断末魔

開陽丸に残っていた機関長の中島三郎助と当直士官の小杉雅之進、下士官、水兵たちが走錨に気づいたとき、事態は切迫していた。

風の変化は急激に起こった。当直士官が、風向計を読んでいた。

停泊したとき、風は南だった。風が強まりそうだったので開陽丸は南風を避けて鷗島の後方に移動して、錨を打った。ところが、間もなく南西、次いで西の風に変わり、突然、北西に転じた。

船体が傾き、マストがびゅんびゅん鳴った。北西の風は、シベリア方面から吹いてくる冷たい突風、タバ風である。

風圧のため錨を引きずって開陽丸は流れ出した。

マスト、煙突、甲板上に立っているすべての物体が唸りをあげ、そこへ白浪が叩きつけた。

「蒸気をあげろッ」

機関長の中島三郎助が絶叫した。

しかし、もう舵は利かない。そのうちドーンという音がして、開陽は大きく右に傾き、水兵は階段から落ちて失神した。

「遭難信号を出せッ」

中島は半狂乱である。

当直士官が汽笛を鳴らした。

「そうだ。大砲を撃つのだ」

中島は最後の手段として、大砲を放つことを決断した。

大砲の反動で艦が動いたときに、一気にスクリューの回転をあげ、離礁しようというのである。漆黒の海に閃光が走り、断末魔の砲声が轟いた。

十発、二十発、中島は満身の力を込めて自ら大砲を放った。

それでも開陽はびくともしなかった。浸水は一層ひどくなり、やがて中央部に亀裂が入った。バリバリッという音が艦内に響き、中島はあわてて撃ち方を止めた。

浜辺の榎本も砲声で最期のときを知った。あるいはという一縷《いちる》の望みもあった。しかし、いまだかつて見たこともない自然の猛威である。榎本は口を利かず、虚ろな表情で激浪を見た。

どんなタバ風が吹こうが、海が荒れたら即刻、外洋に避難すれば、開陽丸には乗り切れる能力があった。

地元の漁師を船に乗せていなかった公算も高い。一言でいえば、榎本の失態だった。

箱館に開陽丸遭難の第一報が入ったのは、十七日の夕刻である。

榎本軍幹部の衝撃は大きかった。

「そんなバカな」

「全島の海陸軍これを聞き、一駭一歎《いちがいいったん》、胆を破り肝を寒うし、切歯扼腕《せっしやくわん》涙を堕《おと》すばかりなり」

と大鳥圭介が『南柯紀行』に記述している。

無残な姿

座礁後、三日間は、風荒く浪高くして上陸することができず、陸上の人も来て救助することができなかった。

乗組員は五日目にしてはじめて上陸したが、そのころ甲板が曲がって太鼓橋を渡るような心地だった。

開陽丸には六本の錨があった。何本打ったかは定かでないが、相当の効果があるはずだった。ところが夜になって風が北西の強風に変わり、夜の十時ごろになって錨は切れたか、あるいは走錨を起こし、一瞬に岩礁に吹き寄せられたのだった。

錨を下ろした場所が岩盤のすぐ近くだった。強風で岩盤のところに流され、その奥には深い断層があり、そこにはまったと考えられた。

これは全く初歩的なミスであった。海底をよく調べないで停泊してしまったのだ。

科学のメス

この遭難に科学のメスが加えられたのは、昭和五十年から六年間におよぶ開陽丸の水中考古学調査である。これでさまざまなことが分かってきた。

まず沈没地点である。

開陽丸は巷間、いわれてきたように幅三十メートルに及ぶ南北に走る凹地に横たわっていた。アイヌ語でエンカマと呼ぶ岩礁のくぼみである。

ここに流され座礁したのだ。これではどんなに努力しても抜け出すことはできなかった。

榎本も沢も艦長としての経験はきわめて浅かった。

オランダからの回航はオランダ海軍のディノー大尉の仕事であり、日本の海に浮かべてからも品川と大坂を航海しただけで、今回、いきなり蝦夷地にやって来た。

途中、時化に遭い、荒天時の異常な体験を積んだが、日本の海をくまなく航海し、四季おりおりの風浪に耐えたわけでない。

学問はあるが、職人としての船乗りではない。榎本らの甘さはそこにあった。

開陽丸の性能にも疑問点があった。

進水時に必要以上の大砲を積み、あまりにも重装備にしたためバランスが悪かったのではないか、舵の故障もそのあたりに原因があったのではないか。

水兵の訓練も不十分で、危機に対処できなかったこともあろう。

そうした複合的なことが絡みあって惨事を引き起こしてしまった。

狐の伝説

地元には開陽丸遭難に関して、不可思議な伝説が残っていた。

江差の沖合に着いたとき、榎本が陸の方を見渡すと、狐火のような怪しい光が流れた。という説話である。

もう一つはこの日の夜、開陽丸がタバ風に流されたとき、前方に狐火のような怪しい光が流れ、そのなかに、一人の漁師が小舟に立って、しきりに手招きしている。

地獄に仏とその方向を目指したが、轟然たる音とともに、暗礁に乗りあげたというのである。

これは江差の奥山にある霊場、笹山稲荷神社の笹山狐が水先案内人に扮して、開陽を座礁させたのだというのである。

また水先案内人はいなかったという説もある。

いたならば、絶対に錨を打たない場所である。なにか謀略があったのか。

この日、風浪はなく海は静かだった。ただ錨を投じた場所が岩盤だったため潮流の関係で、錨が流れ、暗礁にふれ、出れなくなったという説もあった。

江差の人石橋藤雄著の『開陽丸ノート』に、これらのことが記述されている。

ともあれ、これはまさかの大遭難だった。

救援隊

遭難の知らせに艦隊司令荒井郁之助、蟠竜艦長松岡磐吉、回天艦長甲賀源吾、神速艦長西川真蔵、ブリューネ大尉らは、額を寄せて対策を協議した。

「即、救援に向かう。回天、神速の出航を命ずる」

荒井が沈痛な顔でいった。

「二艦で開陽を引っ張るのだ。開陽は頑丈にできている。まだ間に合うはずだ」

甲賀が口もとを引き締めた。

甲賀は気の強い男で、いつでも困難な仕事を買って出た。

船乗りには細心の注意と、大胆さが必要だった。気象や地形、海の変化に絶えず気を配り、いったん航海に出た以上は、どのような時化に遭っても、それに立ち向かう勇気が求められた。

荒井は、勇猛さと測量や海底調査の経験を買い、甲賀を救難隊のリーダーに選んだ。

この日から箱館の海も強風が吹き荒れた。横なぐりの雪が終日、降り続き、山も街も一面の銀世界である。二重遭難が怖かった。

これ以上、軍艦を失えば榎本海軍は崩壊する。

荒井は天候の回復を待った。

二十一日になって、ようやく風が止み、回天、神速の二艦が箱館を出航した。

どんなに高邁な理想をかかげても、戦いに敗れれば、すべては砂上の楼閣である。

榎本軍にとって、開陽丸こそが蝦夷島政権を支える防衛の要だった。

開陽を失えば、新政府と榎本政権の軍事的均衡は一気に崩れ、新政府軍が怒涛のようにこの島に攻め込んでくる。

回天、神速の二艦は、うねりのなかを全速力で江差を目指した。

回天はプロシャの軍艦で、その後イギリスに渡り、慶応二年（一八六六）、幕府が買いあげた。原名はイーグル。甲賀はときおり甲板に出て、真冬の海を見た。

北西の風が頬を叩き、全身が氷のように冷える。

艦は右に左に激しく揺れた。そのたびに波が勢いよく甲板を洗った。

夜になると、一段と風が強まった。そのなかを回天が先航し、神速が迫った。

空は漆黒の闇で、星も月も見えない。

艦橋では甲賀が眼を皿のようにして前方を見据えた。水兵たちもあらん限りの注意を払った。

夜が明けた。

江差の山々が右舷に白い姿を現した。

前方に鷗島が見えた。

「江差だぞお！」

艦内に声が響いた。

甲板をバタバタと水兵たちが走る。甲賀は大きく舵を切った。

すべての人の眼が、江差の港に集まった。依然として風浪は高い。北西の風は一向に衰えず、回天と神速は汽笛を鳴らしながら、慎重に港に近づいた。

人家が見え、篝火が見えた。大勢の人が走ってくる。

旗を振っている。救援を待つ榎本たちの気持ちが、手に取るように分かる。

緊張と感動の一瞬である。

艦内は張りつめた空気に包まれた。

あるいは榎本たちの努力で、開陽は離礁し、その勇姿を港に浮かべているかもしれない。皆、それぞれの思いで港を見た。

港に近づくにつれて、追い波がどんどん襲ってくる。

あまり港に深入りし、もしも機関に故障が起これば、回天はあっという間に岩礁に叩きつけられる。

艦長甲賀源吾は、手に汗を握りゆっくりと艦を進めた。鷗島を右舷に見る位置まで進んだとき、見張りの士官が、

「開陽だッ」

と、叫んだ。

はるか岸寄りにマストが見えた。その声は衝撃音となって艦内に伝わった。

甲賀は眼を凝らして前方を見た。

開陽丸がいた。

大きく右に傾き、三本のマストが空を睨んでいる。

波が船体を叩き、瀕死の重傷を負った巨鯨のようにうずくまっている。

「ああー」

乗組員たちは、悲鳴をあげた。

誰の眼にも救い難い重症であることは明らかだった。

開陽に綱を付けて引くことなど不可能に近い。

甲賀は回天を操りながら開陽の状況を見た。周囲の波が砕けて水煙となっている。

多分に岩盤の上に座礁したのだろう。開陽の傾いた甲板に人の姿が見えた。

二重遭難

そのとき、小山のような追い波が回天を襲い、回天はぐっと横に流された。

「駄目だ。近寄れない」

甲賀は呻いた。

次の瞬間、甲板に悲鳴が起こった。

「神速がー」

水兵たちは、一斉に神速を指差し、怒鳴った。

「蒸気をあげろ」

すべての人々が眼を疑った。

神速が横なぐりの波にもまれ、砂浜の方に流されてゆく。港に入った神速は、にわかに機関が停止し、操船不能に陥ったのだ。

遠くの砂浜に流された神速は、徐々に船体を傾けた。

開陽丸に続いて神速を眼のまえで失ったのだ。

甲賀は歯を喰いしばって泣いた。

甲板の兵士たちも言葉がない。

兵士たちは、蝦夷国家建設の夢が音をたてて崩れるのを感じた。

茫然自失

江差の海に大鳥圭介、土方歳三ら陸軍の将兵もいた。

松前兵を館城に追い込んだ松岡四郎次郎の軍は開陽丸遭難の日、館城を攻め落とし、松前徳広を窮地に追い込んだ。

十一月十六日、土方は館城から江差に向かう途中の塩吹村で、この知らせを聞いた。

茫然自失だった。

なんという皮肉な出来事であろうか。

榎本軍が蝦夷地を事実上、平定したその日に、開陽丸遭難という大事故が発生したのだ。

江差に到着した土方は、無言のまま、灰色の海に没しようとしている開陽を見つめていた。

榎本は放心状態だった。

開陽丸が見える小高い丘に登って、終日、たたずんでいた。

開陽丸は日一日と朽ち果てていった。

船体は真っ二つに折れ、大きく口を開けた傷口から椅子、テーブル、食器、壁面の絵などあらゆる物が流れ出していた。

ふたたび時化が来れば、おそらく艦は跡形もなく、海底に消えてしまうに違いない。

痛々しい残骸の上に粉雪が舞い、傾いたマストには、ときおり海鳥が止まった。

榎本にとって、開陽丸は青春の証、いや生きている証、そのものであった。

開陽丸のすべてに、榎本の生命が込められていた。

丘の上から開陽丸を見ていると、いつの間にかオランダの光景が浮かんでくる。

すべてのことが、まるで昨日のことのように思い出された。

榎本は天候の合間を見て、小舟で開陽丸に向かい、大砲や機器類を陸揚げした。しかし、それもごくわずかで、やがて開陽は崩れ落ちるように海の底に姿を消した。

その後、何日間かマストだけが海上に突き出ていたが、いつの間にか見えなくなり、開陽の姿は、もうどこにもなかった。

開陽丸沈没は、榎本軍将兵に深い悲しみを与えた。

「すまん」

榎本は全将兵に顔を下げた。その表情には暗い影があった。

土方は一人になりたかった。

海辺の松の木に寄りかかり、声を上げて泣いた。

これほどの衝撃は、はじめてのことだった。

開陽を失えば、榎本軍はどうなるのか、土方には分かっていた。

薩長はほくそ笑みながら蝦夷地に渡来し、一気に箱館を攻めるに違いない。はたして何日持ち堪えることができるだろうか。

土方にも自信がなかった。

土方は敗北と死を意識した。

島田魁が土方を捜してやって来た。

「ひどい話ですよ。榎本さんが上陸している間に、吹雪が来て、ひっくり返ってしまったとは」

島田も泣いた。

外交失墜

開陽丸の遭難はたちまち横浜に伝わり、イギリスは、開陽丸を失った榎本には、諸外国に対する交戦権はないと攻撃した。

榎本は蝦夷地平定後、諸外国に対して、

「われわれは交戦権をもつ団体である」

と主張した。

当時の国際法では、ある国で甲と言う政府に対して乙と言う反乱軍が出たとする。普通ならば甲が正義で、乙は賊になる。諸外国は甲を支援する。

ところが乙が交戦権を持つ団体の場合、諸外国はどちらにも肩入れせず中立を守る慣習があった。

交戦権とは軍事力だった。

軍艦開陽丸は、新政府の軍事力を上回る突出した海軍力だった。

榎本を支持したのは、アメリカ、イタリア、プロシャ。反対はイギリス、フランス、オランダだった。三対三である。

この数字は極めて重要だった。

特にアメリカの支持は大きかった。なぜならアメリカは旧幕府がアメリカに発注した軍艦ストーン・ウォールジャクソン号、後の甲鉄を自国の管理下に置き、横浜港に繋留していた。

開陽丸は木造船だが、あちらは鉄張りの軍艦である。

軍艦としては、あちらが上だった。

アメリカ公使ヴォール・クンバークは榎本に好意を寄せており、この軍艦を榎本に引き渡す可能性があった。そうなれば榎本軍は天下無敵であった。

開陽丸遭難で、それは消えた。

ストーン・ウォールジャクソン号は新政府の手にわたり、大艦隊を編成して蝦夷地に攻め込んでくるに違いない。

榎本は敵の間者に、またとない話を提供してしまった。

隠密村山次郎一派が青森に逃れた箱館府知事清水谷公考の命を受け、榎本軍の動きを監視していた。その村山が、この二、三日前からぷっつりと消息を絶っていた。

開陽遭難の情報を摑み、いち早く青森に渡ったとなれば、新政府軍の蝦夷地進攻が早まることも予想される。

ここは早急に蝦夷島政権を立ちあげる必要があった。

第十三章　決戦あるのみ

陸軍奉行並

榎本は、蝦夷島政権の閣僚人事を断行した。

士官以上の投票による選挙である。

その結果、総裁に榎本武揚、副総裁に松平太郎、海軍奉行に荒井郁之助、陸軍奉行に大鳥圭介、開拓奉行に沢太郎左衛門、会計奉行に榎本対馬、箱館奉行に永井尚志、江差奉行に松岡四郎次郎、松前奉行に人見勝太郎が選ばれた。

この後、諸役が発令され、土方は陸軍奉行並兼箱館市中取締裁判局頭取に抜擢された。

土方は陸軍のナンバーツーである。多くの士官が土方を支持し、榎本も信頼した。

蝦夷島総裁、榎本武揚は、連日、作戦会議を開いた。

榎本は、陸軍のあり方が不満だった。

種々雑多な兵団が集まったにすぎない。

これを組織だった軍隊に再編成しなければ、指揮命令系統もバラバラで、近代的な軍隊とはいえない。

そこで、ブリューネらフランス軍事顧問団の指導の下に、陸軍の再編成を行った。

陸軍奉行大鳥圭介、陸軍奉行並土方歳三の下に四つの連隊（レジマン）を置き、その下に次の八大隊を編成した。

第一列士満（レジマン）
第一大隊　大隊長滝川充太郎
伝習士官隊、彰義隊、神木隊
第二大隊　大隊長伊庭八郎
新選組、彰義隊、遊撃隊
第二列士満
第一大隊　大隊長大川正次郎
伝習歩兵隊
第二大隊　大隊長松岡四郎次郎
一聯隊
第三列士満
第一大隊　大隊長春日左衛門
春日隊
第二大隊　大隊長星恂太郎
仙台藩額兵隊
第四列士満
第一大隊　大隊長永井蠖伸斎
衝鋒隊

第二大隊　大隊長天野新八郎
衝鋒隊

このほかに砲兵隊、工兵隊、器械方、病院方などをおいた。

陸軍将兵約三千をこれらの部隊に編入した。

合わせて五稜郭の整備、四稜郭の建設、鷲ノ木から敵侵入に備える川汲峠砲台の新設などを急いだ。

決意を披歴

榎本はかねて箱館に入港していた英艦艦長ホワイト氏及び仏艦艦長ロワ氏に依頼し、朝廷に蝦夷地統治の嘆願書を提出していた。

旧徳川家の士族を中心に蝦夷地の開拓と北方の防衛に当たるというもので、何ら明治新政府に敵対するものではないという内容だった。

嘆願書は、右大臣岩倉具視の手もとに届き、岩倉はじめ西郷隆盛、木戸孝允らは、協議した結果、榎本の行為は
「言辞不遜、採用せず」

と真っ向から拒否してきた。

これを受けて榎本は士官以上に対して、次の訓示を行った。

「我輩は、もとより朝廷に対し抵抗する意志を抱いたことはないのみならず、上は天皇の為に蝦夷地を開拓し、皇国の北の守りを厳にし、下は君家の臣、禄を離れ、家を失いし者をして、其人の人たる業を失わざらしめんため、蝦夷地の開拓を嘆願してきた。しかるに却って国賊なりとして征伐を加えようとさえし

ている。ここに至って武門の習い、止むを得ず防禦の備えを設けて、討伐を待とうと決心した」

と決意を述べた。

四稜郭

五稜郭の北方三キロの丘陵地帯を切り開き、チョウが羽根を広げたような陣地を構築した。

五稜郭後方の攻撃に備えたもので、小菅辰之助、吉沢勇四郎らの工兵隊が鶴嘴《つるはし》やシャベルを使って昼夜兼行で工事に当たった。

東西約百メートル、南北約七十メートル、面積約六百五十坪の陣地で、四辺に砲座を設けた。

さらに五稜郭から一・五キロ前方に千代ケ崗陣屋に大砲数門を置き、前方を固めた。

榎本や松平太郎は、フランス軍事顧問団を連れて、毎日のように陣地の構築を見て回り、箱館に通じる街道の要所要所には地雷火を増設した。

弁天台場

港を防衛する弁天台場には、最大の配慮を払った。これも武田斐三郎の設計による洋式砲台である。海を埋め立てて造った要塞で、形は不等辺六角形、総面積は約一万二千坪もあり、海面からの高さが十一メートル、石で覆われた不沈砲台だった。

「松平さん、武田先生に感謝するばかりですよ」

榎本は、弁天砲台に来るたびに、設計者武田斐三郎の業績をたたえた。

台場には十五の砲眼があり、六十斤（ポンド）砲二門、二十四斤砲十三門が海に突き出ていた。

大砲のなかには、日本に開国を求めてやってきたロシアのプチャーチン提督の旗艦ディアナ号の備砲も数門あった。

「甲鉄が来ようが、イギリスの軍艦が来ようが、これがある限り港は守れますぞ」

箱館奉行の永井尚志も胸を張った。

榎本は、ここに約百名の兵を配置した。

問題は兵器の補給だった。

品川から仙台に向かう途中、銃砲弾薬を満載した美賀保を失い、旗艦開陽の遭難で、大小三十五門の大砲を海に沈めている。

榎本は、かねて開陽丸の備砲をはずして、陸上に備えることを考えていた。

開陽丸の備砲はもともと二十六門だった。

日本に回航した後に九門ふやし、三十五門としたのだが、この結果、船体が重くなり、舵が利きにくくなっていた。

「もっと早くはずしておけば、あるいは遭難を防げたのでは」榎本の脳裡に去来するのは、いつも開陽のことだった。

貿易商ガルトネル

武器、弾薬の補給は結局、外国商人に頼るしかない。

榎本はアメリカ領事ライスやロシア領事ビューツオフ、プロイセンの領事代理C・ガルトネルに斡旋を依頼した。

貿易商の兄R・ガルトネルとの間に三百万坪の借地契約を結んだのも、こうした事情が背景にあった。

おかげで少量だが銃砲、火薬、米五千俵、石炭五百トンの買い付けに成功した。

陸軍の各部隊は、戦陣を整えて、各地に出兵した。

松前、江差、福島、鷲ノ木、茂呂蘭（室蘭）などの他に森、砂原、川汲、茂辺地《もへじ》、当別《とうべつ》、札苅《さつかり》、木古内《きこない》、知内、矢不来《やふらい》など箱館周辺に陣地を構築した。

雪が融ければ、敵は間違いなく攻めて来る。箱館の周囲に砲台を築かねばならない。

土方は晴れ間を縫って海辺を歩いた。

敵の旗艦、ストーン・ウォールジャクソン号は、アームストロング砲四門、回転施条砲四門を持つ最強の軍艦である。

どのように戦うべきか、土方は思案した。

三月上旬、アメリカ領事館から薩長艦隊北上の知らせが入った。

宮古に寄港し、青森から一気に箱館湾に攻撃を掛ける作戦だという。

甲鉄、春日、陽春、丁卯、朝陽、五艦を主力に飛龍、豊安、戊辰、晨風の輸送船を加えた大艦隊である。

「いかが致す」

榎本は、閣僚たちを見渡した。

奇襲作戦

「アボルダージュ」

回天艦長の甲賀源吾《こうがげんご》が叫んだ。

接舷奇襲作戦である。

敵艦隊が宮古湾に入ったところに奇襲をかけ、甲鉄に接舷し、奪取しようというのである。

「ううむ」

榎本は唸った。

たしかに面白い。一か八かである。いまとなっては、それしかないのかもしれない。しかし、失敗すれば、人も艦もすべて失うことになる。

「土方君、どう考えますか」

榎本が尋ねた。

土方は眼を閉じ、大きく息を吸った。後込みすればじり貧になる。

「賛成です。私も参ります」

土方は明快に答えた。

久方振りに胸が躍った。失敗のケースもあるだろう。しかし、万一成功したらどういうことになる。

榎本軍の海軍力は倍加され、新政府軍の蝦夷島攻撃は中断に追い込まれる。

海軍奉行荒井郁之助も決意を固めた。

三月二十日夜、特別攻撃隊を乗せた回天、蟠竜、高雄の三艦が宮古に向けて出撃した。

土方は新選組、神木隊を率いて回天に乗った。フランス士官ニコール、コラッシュ、クラートも乗船した。

三艦一緒に突っ込めば、成功は疑いなし、土方も胸を張った。

宮古湾突入

だが、途中で海が荒れ、蟠竜が遅れ、高雄が機関故障を起こし、回天のみがアメリカ国旗を揚げて宮古湾に進入、一隻の突入となった。

三月二十五日のことである。

「ストンウォールあり」

見張りが叫んだ。

急いでアメリカ国旗を降ろし、日章旗をあげた。

敵は最初、ぼんやり見ていたが、日章旗を見て驚き、甲鉄に駆け上がった。

回天は甲鉄の左舷に突っ込んだ。

「乗り移れッ」

土方は抜刀して船べりに立った。

下を見て驚いた。

甲鉄と回天では船べりが三メートルも差があるではないか。

これでは飛び込めない。全員、顔を見合わせた。回天の方が高いのだ。しかし、飛び降りるしかない。

提督荒井、船将甲賀が刀を抜いて、

「アボルダージュ」

と叫び、大塚浪次郎（海軍士官）が先頭を切って飛び降りた。続いて野村理三郎（新選組）が乗り移った。彰義隊も飛び込んだ。

その時、敵がガットリング機関砲で連射したため形勢が逆転した。

斬り合いになればこちらが強いが、一分間に百八十発発射する最新鋭の機関砲である。榎本軍の斬り込み隊は、吹き飛ばされて血の海になった。

『蝦夷錦』に戦闘の場面が記述されている。

敵軍ハ此ノ処ニ進撃ノ憂アラントハ思ヒモヨラザル事ナレバ、上陸シテ妓ヲ愛シ居タル者モ多カリシガ、俄ノ砲声ニ狼狽セリ、甲鉄艦台場ヨリ大小砲ヲ討出ス。

乱戦になった。

甲鉄のガットリング機関砲は、いかんなく威力を発揮し、榎本軍に多数の死者が出た。

艦橋で指揮を執る甲賀も、負けじと大砲を発射、砲弾は甲鉄の甲板を貫き、蒸気室に飛び込んだ。

その直後、甲賀は、左の股を撃たれ、さらに腕を打ち抜かれた。それでも必死に立ち上がり、衆を励ました。しかし、次の一弾が、甲賀の顔面を打ち抜いた。

「甲賀君ッ」

土方が抱き起こすと、真っ赤な血が吹きだし、見る見る顔が蒼ざめていく。

「荒井さん、撤退、撤退ッ」

土方が夢中で叫んだ。

アボルダージュは失敗した。

甲賀に代わって荒井郁之助が操艦、ほうほうの体で宮古湾を抜け、ようやく箱館にたどり着いた。戦死三十数人。

高雄は追い詰められて自爆した。

無惨な敗北であった。

榎本は甲賀の遺体に取りすがって号泣した。

土方は、この日を境に寡黙《かもく》になった。

島田魁が声を掛けても返事をしない。無言で宙天を見た。

土方は松本良順を思い出した。

良順は、榎本の前途を危ぶんだ。

「あいつは、思慮がたりないからなあ」

といった。結果は良順のいうとおりになっている。

開陽を失い、奇襲攻撃も失敗した。

日一日と己の生命が擦り減っていく。

土方は寂しかった。

敵艦隊見ゆ

蝦夷地に桜が咲き始めた四月九日早朝、敵艦隊が江差沖に姿を現した。

新政府軍の反撃開始である。

敵は榎本軍がいる江差を避け、江差の北十二キロの乙部《おとべ》に向かった。

江差奉行松岡四郎次郎は、兵を率いて乙部へ向かった。

沖に百艘を超す大船団がいて、兵を満載した小舟が次々に港に入ってくる。

弾薬、食糧を大量に陸揚げしている。

兵力は弘前、松前、長州、福山、大野、徳山の藩兵千八百人。

開陽が健在であれば、これらを木端《こっぱ》微塵《みじん》に吹き飛ばしたに違いなかった。

江差奉行人見勝太郎の一聯隊三小隊が迎え打った。

松岡は小高い丘に大砲を据え、攻撃の火ぶたを切った。

二発、三発、続けざまに大砲を放った。敵があわてふためいて逃げる。だが、それもごくわずかの時間だった。

洋上にパッと火焔が上がると、シュルシュルと砲弾の飛来音が聞こえ、轟然と陣地に炸裂した。甲鉄の施条砲が火を噴いたのだ。

松岡の陣地はたちまち吹き飛ばされた。手の施しようがない強烈な艦砲射撃である。

松岡は江差に退却したが、ここも防備が弱い。江差の海に姿を現した甲鉄は、榎本軍の砲台を吹き飛ばし、榎本軍は松前に向けて敗走した。

「なんということだ」

敵上陸の知らせを受けた土方は、衝鋒隊二個小隊、伝習隊二個小隊を率いて二股口《ふたまたぐち》に出動した。ここは江差と箱館を結ぶ要衝である。

江差に上陸した敵は、当然のことながら二股口に一隊を指し向けるに違いない。

「ここで食い止めてやる」

土方は眦《まなじり》を決して馬を飛ばした。

大鳥圭介は木古内に出撃した。ここは江差に通じる街道がある。

榎本軍に緊張が走った。

海軍力の差

敵は一隊を二股口、一隊を木古内、一隊を松前に向けて進撃させた。いずれも箱館に通じる街道である。

榎本軍は、あらんかぎりの力を振り絞って、新政府軍の進撃を阻止せんとした。

松前に駐留する伊庭八郎の遊撃隊、春日左衛門の陸軍隊、松岡四郎次郎の一聯隊、大塚霍之丞《おおつかかくのじょう》の彰義隊は砲兵、工兵五百余人を率いて江差に進軍した。

一行は根部田で、敵の本軍、弘前、松前、徳山、長州兵と戦い、これを破り、敵は死傷百余人を出して敗退した。

江差奪還近しと思ったその時、敵の軍艦春日が海岸に近づき榎本軍に大小砲を発射、それに合わせて薩摩、長州、弘前、松前兵が山上から鯨波《げいは》を上げて砲撃してきた。

榎本軍は海陸から挟撃されて多数の戦死者を出し、松前に敗走を余儀なくされた。

「無念なり」

伊庭八郎と春日左衛門は悔し涙を流した。

二股峠

土方は衝鋒隊、伝習歩兵を率いて二股に向かった。二股口は、山中の厳しい峠路である。艦砲射撃にさらされないのが、幸運といえば幸運だった。

二股口の頂上は、標高五百三十五メートルの中山峠で、その手前に天狗岳と三角山があり、土方は、この一帯に胸壁十六か所を築き、三百人の精鋭を配した。塹壕は、敵からは見えないように、深く掘った。

四月十三日、敵兵が峠を登って来た。

一人一日千発、土方は大量の銃弾を用意し、攻め登る敵に雨あられと銃弾を浴びせた。数十人の敵兵を一瞬のうちに殲滅《せんめつ》する場面もあった。

フランス軍事顧問のフォルタンも来ていた。

「土方サン、アナタノ顔、真ッ黒、悪党ダヨ」

と笑った。

一日に千発も撃つと、顔は火薬で煤ける。

「フォルタン、君の顔も黒いぞ」

土方とフォルタンは、おたがいの顔を見比べながら笑い転げた。

土方隊は敵を一歩も寄せつけず、勝利の連続であった。しかし、松前、木古内から苦戦の知らせが相次ぎ、土方の眉をくもらせた。

松前は甲鉄、春日の艦砲射撃で、各地の砲台は粉砕され、戦死者が累々と横たわった。

大地を揺るがす艦砲射撃の威力は、想像を絶した。

アームストロングの射程距離はゆうに四キロもあり、遥か沖合いから正確無比に砲弾の雨を降らせた。

かくて松前城は奪われた。

「島田、わが軍は腰抜けが多すぎる」

土方は歯ぎしりし、冷たい視線を稜線に向けた。自分が守ればという思いがあったのかもしれない。

土方の眼に野獣のような鋭さがあった。壬生浪と恐れられた、あの時の光りである。

「総督、あまり思いつめないでください」

島田魁は土方を励ました。

島田は江戸から土方と行動をともにしている。土方に惚れ込み、片時も離れることなく、土方の世話を焼いている。土方より身体が大きく、腕も立つ。

自分では土方牛若丸に対する島田弁慶のつもりでいる。年も五つほど上だ。

長く行動をともにしていると、ちょっとしたしぐさで、相手の気持が読める。

何日も塹壕で睨みあっていると、不思議なもので眼が夜の闇に慣れてくる。

「島田、俺は夜襲に出る。お前は残れ」

土方は、二十人ほどの手勢を連れて出撃した。

敵の胸壁に忍び寄り、見張りの喉をかき斬った。

金次のラッパ

一方、木古内の戦いは四月二十日早朝から始まった。

松前城を奪回した新政府軍は、休む間もなく進撃を開始し、海軍の援護射撃を受けながら吉岡峠、福島村で転戦し、木古内に攻め込んだ。

「来たな」

額兵隊長星恂太郎と、遊撃隊長伊庭八郎が飛び出した。

「敵兵千」

前線からの伝令である。こちらは五百、しかし陸軍奉行大鳥が彰義隊、額兵隊、神木隊、会津遊撃隊、伝習士官隊を率いて陣頭指揮をとり、街道筋に、台場や塹壕を築いて防備を固めた。

「金次、攻撃開始のラッパを吹け」

恂太郎は額兵隊のラッパ手、煤孫《すすまご》金次に命じた。金次は十六歳の少年で、自ら志願して額兵隊に入隊した。

額兵隊は以前、楽兵隊といい、ラッパを吹き太鼓を叩いて行進したので、仙台市民に人気があった。

「おまえはダメ」

といったが、

「ついてゆく」

と、懸命に懇願する。どうしてもラッパを吹きたいのだ。

港に母親が来て、

「金次を返してくれ」

と叫んだが、それでも金次は船を下りなかった。恂太郎は、そんな金次をいつもそばに置いた。

大鳥の防衛策が功を奏して初戦は榎本軍が善戦、新政府軍側が不利で笹小屋まで退却した。

行方知れず

敵状探索のために額兵隊の一個小隊が木古内の間道に入った。夢中になって歩くうちに金次がいなくなった。探しても見つからない。恂太郎は小隊長を怒鳴りつけた。敵に捕まったのかもしれない。恂太郎は自ら捜し歩いたが、見つからなかった。恂太郎は大いに慌てた。

そのころ金次は敵軍の小屋のそばで、雑草に身を隠し、震えていた。数人の敵兵が小屋にいた。夜になった。

逃げ出そうと思ったが、差し足が震えて歩けない。雑草の中で一夜を過ごした。

朝、目を覚ますと、敵兵が出かけてゆく。しかし小屋に残る兵もいた。またも動けない。

陽が昇るとブヨが金次を襲った。顔を刺し、手を刺し、全身を刺した。

二日目の夜、敵兵が小屋を出た。

金次はようやく木古内の陣地にたどり着いた。

「よかった、よかった」

恂太郎は金次を抱きしめて大声で泣いた。

しかし、戦況は悪化する一方だった。補給は途絶え、弾薬が切れ、撤退を余儀なくされた。

額兵隊頭取武藤勇作が命をおとし、遊撃隊長伊庭八郎も左腕に重傷を負い、五稜郭に送られ、恂太郎は忸怩《じくじ》たる思いだった。

矢不来の激戦

矢不来は、箱館港の北に位置する弁天台場に相対する重要拠点である。

ここは高さ三十メートルほどの断崖絶壁になっていて、海陸両方の敵を見下ろす天然の要塞だった。

断崖絶壁の台地の上に砲台を構築し、箱館港に入る敵艦隊を砲撃することになっていた。

大鳥はここに大小数十の胸壁を築き、彰義隊、伝習隊、衝鋒隊、木古内から戻った額兵隊、松前から戻った会津遊撃隊など四百五十人を配置していた。

初戦は優勢だったが、敵艦隊が侵入し、艦砲射撃を始めるや、たちまち形勢が逆転した。

「その音響、海陸に響き渡り、山岳の崩れるがごとし、これがため我が兵死傷はなはだ多し」

と額兵隊の記録にある。

榎本軍は、必死にこらえ、ここを先途と戦ったが、背後の山上に敵軍五百が現れ、銃撃を開始するに及んで、もはや防ぐことはできなかった。

榎本軍はここに二十四听のカノン砲も備えていたが、甲鉄が打ち出す七十听の弾丸に粉砕され、衝鋒隊長隊永井《ながい》蠖伸斎《かくしんさい》ら五十余人が戦死、会津藩遊撃隊を率いる諏訪常吉が重傷を負い、箱館病院に送られるなど、榎本軍の被害は甚大で、七重浜まで撤退を余儀なくされた。

二股口の土方のもとに、榎本から箱館に戻れの伝令があった。

箱館湾に敵艦隊が攻め込んだというのだ。

またしても軍艦の差だ。

開陽丸の遭難がすべてだった。

第十四章　最終決戦

死を覚悟

四月十五日、二股から五稜郭へ撤退した土方は、死を覚悟の上、獅子奮迅《ししふんじん》の戦いを見せるしかないと、追い詰められた心境だった。

この日、土方は、市村鉄之助を箱館より脱出させ、郷里に向かわせる。鉄之助は京都時代から土方の小間使いを務めた十六歳の少年で、土方は少年に二本の刀と自分の写真と辞世の和歌を託し、日野の佐藤彦五郎に届けるよう命じた。

「タトヒ身ハ蝦夷ノ島根ニ朽チルトモ魂ハ東ノ君ヤマモラン」

土方辞世の句だった。

翌四月十六日、蝦夷地に渡った桑名藩士高木貞作らが新選組に入隊、五稜郭で土方歳三と面接した。

四月二十三日には、再び二股峠に向かいふもとに塹壕を築き、箱館への侵入を防いだ。

しかし、これ以上の防戦は無理だった。

『土方歳三日記』に、土方の日々が記載されている。

五月一日　榎本、松平両惣へ面会の上、弁天台場に向かい、一同に面会。その夜、新選組、有川に進撃。

五月二日　ブリューネら、自国船で箱館より退去。

五月三日　新選組ら、七重浜の敵陣営を夜襲。
五月四日　土方、箱館より五稜郭に帰陣。
五月七日　箱館湾で海戦。
五月八日　大鳥とともに大川口に出陣。

相次ぐ惨敗

榎本軍にもはや勝利はなかった。

甲鉄、春日、陽春、丁卯の敵艦が定期的に箱館港に侵入し、箱館の街に艦砲射撃を浴びせている。

榎本海軍は千代田形を事故で失い、いまや回天、蟠竜の二艦しかない。深追いすれば甲鉄からすさまじい砲撃を受け、船橋に穴があき、マストをへし折られた。

憎いのは甲鉄だった。

箱館湾深く侵入し、アームストロング砲を続けざまに放った。砲弾はピントコーゲルと呼ばれる尖頭砲弾で、その破壊力は一発で一軒の家を吹き飛ばすほどであった。

その都度、開陽があればと、土方は無念だった。思い出したくはないが、榎本の軽はずみな行動が、どうしても脳裡をよぎる。

それはいうまい。

土方は無言だった。

箱館病院

五月九日、土方は箱館病院の小野権之丞のもとを訪れた。入院している会津藩遊撃隊長の諏訪常吉が危ないと聞いたからだった。

「おお、土方さん」

院長の高松凌雲と事務頭取の小野権之丞が温かく土方を迎えた。

「良順先生が予告したとおりになったよ」

凌雲は意外にサバサバした顔でいった。

「つきがなさすぎた」

と土方は思った。

土方は病室を見て回った。病室は重傷患者でいっぱいである。矢不来で重傷を負った諏訪は口も聞けない重傷だった。

「諏訪君、土方です」

声を掛けると、わずかに眼をあけてうなずいた。顔は土色で、死期が迫っていた。

「よくなる。必ずよくなる。そうしたら一緒に戦える」

土方がいうと、諏訪は眼に涙を浮かべ、うなずくような仕草を見せた。

傍らで小野権之丞が、

「諏訪君をこんな目に遭わせた責任は私にあります。申し訳ないことをした」

と涙をふき、

「ここまで来たらもはや和議しかありません」

といった。

新政府軍は、五月十日、翌日をもって箱館総攻撃を行うと、通告してきた。

「かくなる上は、黒田清隆の首をとるまで戦うしかない。私はその覚悟」

土方が鋭くいった。

決別の宴

敵の総攻撃を前にして榎本軍の幹部は、市中の武蔵野楼に集まり、訣別の宴を張った。

連日の激しい砲撃で弁天台場、四稜郭、千代ケ崗陣屋から黙って脱走する兵士も増え続け、すでに二百人余が五稜郭から姿を消した。

ある者は敵に投降、ある者は、街のなかに潜伏した。

「逃げる奴を追うな」

榎本が厳命した。

最後の酒が胃にしみた。

榎本はブリューネらフランス軍事顧問団をフランス軍艦に引き渡し、箱館病院に収容していた重傷患者をロシア領事館と湯の川温泉に移した。

板倉勝静ら旧幕府の重臣たちも江戸に戻した。

榎本は、立派な武将だった。

責任感があり、一国の大将にふさわしい人物だった。どんな人物にも長所と欠点があった。勝海舟やその他もろもろの幕臣にくらべれば、男の中の男だった。

深夜、榎本は地図を広げて、作戦を指示した。

「海軍は敵艦を港の奥深く誘い込み、弁天台場と回天、蟠竜で轟沈させる。陸軍は七重浜から有川、矢木来に攻め上る」

と檄を飛ばした。

「土方君、存分に暴れてください。ただし夕方にはここに戻ってください。皆も同じです」

榎本はいった。

翌朝、副総裁松平太郎と大鳥圭介は、七重浜から有川に進撃した。土方は敵の本営がある一本木を目指した。

ほぼ同時に、箱館の港に火炎が上がった。

敵艦隊のつるべ撃ちである。甲鉄が撃ち出すアームストロング砲は、五稜郭の周囲にも落下した。

耳をつんざく轟音だった。

砲声激烈

大鳥圭介は、十一日の戦闘を、『幕末実戦史』に、

「本日予、伝習歩兵、遊撃隊、春日隊、彰義隊を率いて大川、有川の両道、および海岸に向かった。高所に上ってみると、敵の陸軍が陸続として進んでくる。砲声激烈なり」

と記した。

問題は箱館山だった。

ここは新選組が守っていた。しかし油断があった。新選組といっても、かつての新選組ではない。にわかづくりの新選組である。有力な幹部はここにはいなかった。

それを見越したわけではないだろうが、敵将黒田清隆がわずかの兵を率いて濃霧のなかを船で箱館の寒川に上陸、新選組の番兵が敵を見逃したため、やすやすと箱館山に登り、ここを占領した。

眼下に箱館を見渡せ、的確に作戦を立てることができた。

島田魁日記

島田魁の日記によると、土方は十一日早朝、馬にまたがり彰義隊、額兵隊、見国隊、杜陵隊、伝習士官隊合わせて、五百余人を率いて五稜郭から一本木柵に向かった。

まさに、その時である。

箱館湾で大爆発が起こった。

蟠竜のナポレオン砲弾が、敵艦朝陽の火薬庫に命中、瞬時に朝陽は轟沈する大戦果をあげた。

「おおお」

榎本軍の兵士は大喝采だった。

土方はじっとこの模様をみつめ、久しぶりに溜飲を下げた。

弥太六の記録

この撃沈、朝陽丸副艦長福島弥太六が、真に迫った描写を残していた。

六時頃、蟠竜よりの弾丸、我火薬庫の右舷より打込、瞬時間に装薬著発管等へ火移仕　付、装薬等相放し、ホローテマストは三つに折れ、ベサーンマストは切断し、テートル並《ならびに》機械等破裂致し、中部後部は灰燼（あとかたもなく）沈没し、前部及びホッケマストは漸々に沈没致し候。

乗組は海中に陥り、波に漂《ただよわ》され、或は溺れ、又は創を蒙り、脱木切木に圧られ悲号哀叫《ひごうあいきょう》して救を求める声波間に喧《さわが》し。

軽傷の者より重傷並に木材に圧せられ候者を、助け度《たき》所存には候へども、脱木、綱具、金物など縦横に重畳し、加之、油脂の樽など破裂いたし、海中滑にして其義能《あたわ》ず。

只望視致し居候而已《のみ》にて候内、蟠竜は我沈没の処を見掛け、進み来り候間、我等賊艦に向かひて、分毫なりとも分を尽し斃れんと、死を決して賊艦を睨視《げいし》致し居候。

水夫等は浜辺にて、小舟を求め来んとて裸体《はだか》に相成、浜辺を志し泳出し候処、途中に備州小荷駄方三宅某、小船二艘を以て泳ぐ者を助け、且《かつ》艦側に来る。又英国軍艦ベール艦、ヨリバルカス二艘に士官乗添《のりそ》ひ、沈没の処に来る内、春日、丁卯の両艦も我艦の傍らに来たり。（『復古記』）

蟠竜の砲手永倉《ながくら》伊《い》佐《さ》吉《きち》が放った溜弾が見事、朝陽の火薬庫に命中。艦は一瞬にして轟沈したのだった。

敵艦朝陽は大きく傾き、艦尾から蒼い海に沈んでいった。夢ではないか、敵も味方も戦いをやめて凝視した。

さすがに海の男、榎本海軍は救助作業中、敵艦に攻撃を加えることはしなかった。

救助活動が終わるや蟠竜、回天は狂ったように敵艦を追い、七重浜の将兵は敵陣に突撃した。

土方大喝

「この機を失うべからず」

土方は大喝して一本木柵に向かって突進した。

敵兵は街の至る所に火を放ち、街は逃げ惑う市民でごった返した。

『島田魁日記』には、

「官軍海岸と砂山《すなやま》とより狙撃す。数人斃《たお》る。然るに撓《たわ》む色無し」

とあった。

この辺の描写は史料によって微妙に異なる。

新選組の一人、『立川主税《ちから》戦争日記』によると、一本木で、七重浜の防備が危機に瀕したことを知った土方は、七重浜に向かい、体制を立て直し、再び一本木に戻ったとある。

七重浜方面は、大鳥の指揮のはずだった。

大鳥軍は潰走したということなのか。

戻ったとき、一本木攻撃隊は四散していた。

土方の周囲にいるのはわずかに五十人。どの顔も恐怖で引きつっている。

土方は先頭を切って進んだ。

ところが前軍は形勢不利。逃げ戻ってくるではないか。

「逃げるな、ひるむな」

土方は剣を振りかざして叱咤したが、逃走者を制止することはできなかった。

土方は剣鬼となっていた。土方は柵を突破し、異国橋付近まで攻め込んだとき、一発の銃弾が、土方を貫通した。

「あッ」

土方は短い言葉を残して激しく落馬した。

島田魁日記は続く。

「敵弾、腰間ヲ貫キ、遂ニ戦没、亦我軍進テ攻ムル不能《あたわず》、退テ千代ケ崗ニ至ル。軍監役大島寅雄、土方歳三没ルヲ見テ、馬ニ鞭チ打五稜郭ニ至ル」

とあった。

享年三十五、奇しくも近藤と同じ年齢だった。

土方の死は新選組の終焉を意味した。

島田は大声で泣き続けた。

しかし土方の死の瞬間まで行動を共にすることができたことに、

「しあわせだった」

と満足感と感動を覚えたのだった。

燃えよ剣

司馬遼太郎は『燃えよ剣』で次のように土方の最後を描いた。


歳三は、ゆく。

ついに函館市街のはしの栄国橋まできたとき、地蔵町のほうから駈け足で駈けつけてきた増援の長州部隊が、この見なれぬ仏式軍服の将官を見とがめ、士官が進み出て、

「いずれへ参られる」

と、問うた。

「参謀府へゆく」

歳三は、微笑すれば凄味があるといわれたその二重瞼《ふたえまぶた》の眼を細めていった。むろん、単騎斬りこむつもりであった。

「名は何と申される」

長州部隊の士官は、あるいは薩摩の新任参謀でもあるのかと思ったのである。

「名か」

歳三はちょっと考えた。しかし函館政府の陸軍奉行、とはどういうわけか名乗りたくはなかった。

「新選組副長土方歳三」

といったとき、官軍は白昼に竜が蛇行するのを見たほどに仰天した。

歳三は、駒を進めはじめた。

士官は兵を散開させ、射撃用意をさせた上で、なおも聞いた。

「参謀府に参られるとはどういうご用件か。降伏の軍使ならば作法があるはず」

「降伏？」

歳三は馬の歩度をゆるめない。

「いま申したはずだ。新選組副長が参謀府に用がありとすれば、斬り込みにゆくだけよ」

あっ、と全軍、射撃姿勢をとった。

歳三は馬腹を蹴ってその頭上を跳躍した。

が、馬が再び地上に足をつけたとき、鞍の上の歳三の体はすさまじい音をたてて地にころがっていた。

なおも怖れて、みな、近づかなかった。

が、歳三の黒い羅紗服が血で濡れはじめたとき、はじめて長州人たちは、この敵将が死体になっていることを知った。

歳三は、死んだ。

死んで当たり前

子母澤寛はどう描いたか。

『行きゆきて峠あり』に、こうあった。

土方歳三は、一本木の野道に、馬上で大刀を抜き、胸を張って全軍を指揮していた。かつて京都で、近藤勇と共に新選組二百四十を引き連れて、蛤御門《はまぐりごもん》の戦に鎮圧に行ったことがある。

この時の土方の働きは抜群のもので、幕軍の働きの中では、特記されていいものであったが、この日の土方はすでに決死であった。

余り前線へ馬を飛ばせるので、みんな心配して、これを遮《さえ》ぎろうとした。が及ばない。勿論旧新選組の隊士たち百拾余人が、土方の馬に従って血みどろに戦っている。

京都時代副長助勤をやっていた今の頭取島田魁が思い余って、土方の馬の前に大手を広げて突立った。

「危ない。自重してください」

敵の鉄砲玉がびゅんびゅん飛んでくる。

土方はにこっとして、

「戦場は死に来るところだ。死んで当たり前、危ねえも屁もあるもんか」

と大声でいった。ところは一本木。言葉が切れるか切れないに、土方は、馬からもんどり打って落ちた。

新選組はみんなわれを忘れて、しがみついた。が土方はもう何にもいわず、静かな顔つきで眼を閉じていた。

草鞋《わらじ》ばきの軍装で日の丸の手旗をもって指揮している陣笠《じんがさ》をかぶり八字に髭を延ばし陣羽織姿の土方の一枚絵があるが、これは似ても似つかぬものだ。馬上で洋服の上から白縮緬《しろちりめん》の兵児帯《へこおび》をした身軽ないでたちであった。

と書いた。

土方は、もう勝てないことは分かっていた。

眼にした光景は、いたるところ残骸であった。

台座が砕けた大砲、腐りかかった死体、ピクピクと首筋を痙攣させて横たわる軍馬、それらは榎本軍の敗北を如実に示していた。

土方はチラリと後ろを振り返った。

島田魁、相馬主計がいる。新選組の数少ない生き残りだ。

このとき、過ぎ去った日々が、まるで昨日の出来事のように浮かんで消えたのではなかろうか。

いつも世の注目を集め、生と死のギリギリのところで戦ってきた。人も何人か斬った。しかし、不思議に暗くはない。

人がいうほど残忍な人生ではない。

相手より先に斬ったまでだ。相手の剣が早ければ、こちらが死んでいる。戦いとはそういうものだった。

土方は、いつもそう考えていた。

遺体は五稜郭

死ぬ瞬間、人間は何を想うのだろうか。

皆が気づいた時、土方は馬から落ちていた。

ひどい出血だ。そこまでは意識があったのではないか。

心臓や頭を撃たれなければ、即死ではない。

誰かが土方の身体をゆすった。土方の唇がかすかに動き何かつぶやいたが、なにも聞き取れなかった。

同志のぬくもりのなかで、剣士土方歳三はこの世を去ったのだった。

この一本木攻防戦で、彰義隊頭取大館昇一郎、同差図役後藤松三郎、新選組では長嶋五郎作、津田丑之助、栗原仙之介助、武部銀次郎、柏屋十郎、蟻通勘吾が討死。全体で数十名が最期をとげた。

惜しむべき将なり

土方の死を榎本に伝えたのは、軍監役大島寅雄と島田魁日記にはあったが、子母澤寛は桑名藩士で新選組に所属する石井勇次郎だったと書いた。

石井は桑名藩の馬廻役の若武者で、主君定敬について箱館を目指さんとしたが、人員に制限があり、新選組の一員としての乗船だった。新選組では四分隊差図役だった。

この日、石井は土方と一緒だったが、乱戦となり、ばらばらになって千代ケ崗に退いた。

そこで大島寅雄と新選組隊長並の安富《やすとみ》才助から、

「副長が死んだ」

と告げられた。

「ええっ」

石井は驚き、すぐ五稜郭に馬を飛ばした。榎本に告げると、榎本は赤子が慈母を失うが如く悲しみ、

「惜しむべき将なり」

と土方を称え、苦戦する千代ケ崗に自ら向かわんとした。

「総裁は動くにあらず」

副総裁の松平が止め、代わって自分が千代ヶ崗に向かった。

島田魁も一緒だったのかもしれない。

ほどなく土方の遺体は五稜郭に運ばれてきた。

榎本は、すぐ駆け付け、号泣した（石井勇次郎『戊辰戦争見聞略記』）。

大鳥は、土方の死について、

「この時にあたり土方歳三流弾に中《あた》り戦死せり」

と『南柯紀行』に一行、記述しただけだった。

そのせいか、司馬遼太郎も「函館─維新こぼれ話」で、

「この地でこの男（土方歳三）が指揮した戦は見事なもので、実戦家だけではなく、頭脳的な戦術の面もあったらしい。ところが幕府きっての洋式陸軍通の大鳥圭介がひどく実戦が下手で、多少臆病だった。土方とはひどく仲が悪かったようである」

と書いたので、不和説に拍車がかかった。

永倉新八も違和感を抱いていた。

今市と高徳《こうとく》の間の戦闘のときである。永倉らは、佐賀と土佐の兵を斬りまくり、大砲、小銃、弾薬を山ほど分捕った。

戦が終わって周囲を見渡すと、大鳥の姿がない。多分戦死したのだろうと思っていると、翌日、山のなかから出てきた。

「総督ともあろうものがけしからん。射ってしまえ」

と皆が騒いだと『新選組顚末記』にあった。

大鳥は当代きってのインテリである。刀を振り回して戦うタイプではない。負け戦は退避する。それが徹底していた。しかし、それも大事な判断だった。

その辺のバランスを見事にとったのが榎本だった。榎本は土方に自由な裁量を与えた。

大鳥との不和説などは、とるに足りない勘ぐりと笑い飛ばしていたに違いなかった。

土方は、いつも独自の判断で戦い、その生涯をまっとうした稀有の戦士であった。

第十五章　艦隊全滅、降伏

池田次郎兵衛

五月十二日、五稜郭に砲弾が炸裂し、一発が衝鋒隊総督古屋佐久左衛門の部屋を直撃、古屋が吹き飛ばされ、実弟の箱館病院長高松凌雲に看取られて息絶える惨事も起こった。

敵は朝陽の仇討ちとばかり、大反撃に移った。

敵艦甲鉄はアームストロング砲を連発し、蟠竜を追いかけた。

蟠竜は右に左に反転し、なんとか逃れようとしたが、機関室に直撃弾を受け、もう走れない。万事休すである。

乗組員は海に飛び込んで浜辺を目指した。

永倉伊佐吉は、あと少しというところで力尽き、溺死した。

回天にも最後の時がきた。

百発近い砲弾を食い、マストと外輪が吹き飛んだ。艦長は浅瀬に乗り上げ自爆した。

榎本海軍は全滅した。

砲撃がやむと、重傷を負って箱館病院に入院していた会津藩遊撃隊長、諏訪常吉のもとに、賓客があった。

薩摩の池田次郎兵衛である。

二人は京都で知り合いだった。

薩摩会津同盟を結んでいた時期である。

池田は二十五両の見舞金を諏訪の枕元に差し出し、会津藩が中に入って和議をすすめてほしいと申し出た。

土方が最も尊敬する会津人の一人だった。

諏訪は、口も聞けないほどの重傷である。池田の手を握り、涙ながらにうなずいた。

続いて白旗を掲げた薩摩藩士中山良蔵が五稜郭に榎本を訪ね、新政府軍海軍参謀黒田清隆の書を持参し、総攻撃の延期を申し出た。

榎本の心は揺らいだ。

蝦夷地に来たとき、三千いた榎本の兵は、三分の一に減っている。このまま戦いを続ければ、全滅はまぬがれない。

蝦夷島総裁というポストは、榎本武揚にぴったりだった。ヨーロッパで学問を磨き、科学技術の知識を持つ榎本は、誰よりも総裁にふさわしい人間であった。

外国人とも自由に話せ、しかも東洋一の海軍を持っていた。その榎本が何故、このような事態を招いてしまったのか。

「開陽だ。あれは痛恨のミスだった。土方君にいうべき言葉もない」

榎本はいつも土方を想った。榎本は、

「これ以上戦うことはできない」と断りながらも、オランダで入手した国際法と外交と題する『万国海律全書』を黒田清隆に贈った。

すると、黒田は酒数樽を届けてきた。

心憎いばかりの気配りだった。

薩摩の動きは矢継ぎ早だった。

黒田から面談の申し出もあり、榎本はこれを受けた。後日、榎本ら幹部は郊外の民家で、するめをかじりながら黒田と酒を酌み交わすことになる。

中島親子の死

土方と同じように、武士にはそれぞれに意地があった。

弁天台場は、総攻撃の日に弾丸が切れ、降伏したが、五稜郭の西南二十五キロの前線基地、千代ヶ岱陣屋は降伏を拒んだ。

この陣屋は長さが二百メートルほどの正方形の陣地で、周囲に高さ五メートルの土塁を築き、その外に幅三メートル、深さ六メートルの濠をめぐらし、約百人の兵士で守っていた。

ここを守る中島三郎助は、浦賀奉行与力を務めた名門の出である。

長男恒次郎二十二歳、次男英次郎十九歳、一族郎党五十人を率いて死守していた。

「陣屋を放棄し、五稜郭に戻るべし」

榎本は何度も使者を出したが、中島は応じなかった。中島の心の奥にあるのは開陽丸の遭難だった。

あのとき、開陽丸に残ったのが機関長の中島だった。遭難の責任は自分にあると中島は思い続けてきた。

「死んで皆にわびる」

中島親子には、悲壮な覚悟があった。

五月十六日早朝、降りしきる雨のなかを薩摩、備後、福山藩兵約三百が千代ヶ岱陣屋を攻撃した。

榎本は前日、額兵隊、彰義隊、伝習士官隊、見国隊など百余を派遣していたが、戦闘開始と同時に兵は逃亡し、もはや戦いにならない。

中島親子は十二斤カノン砲を自ら操り、弾丸が切れるや、抜刀して群がる敵に突っ込み、蜂の巣のように銃弾を浴びて命を落とした。

　　ほととぎす
　　　われも血を吐く思いかな

この辞世の句のなかに、中島の真情が込められていた。

中島親子の死は、榎本に大きな衝撃を与えた。榎本はおのれの失策が、中島親子の死を招いたことを悔やんだ。

十一日の戦闘で重傷を負った伊庭八郎、春日左衛門らもモルヒネを飲んで絶命した。

揺れる心

榎本は、本庁舎の粗末な総裁室で深い想いにとらわれていた。

榎本の脳裏に長崎時代、オランダでの留学生のころがあざやかに浮かんだ。

青年のころから士官として教育された榎本は、いつも責任感を背負って生きてきた。

部下を思い、国家を憂えてきた。

オランダから開陽丸に乗って帰国すると、祖国日本は、革命のさなかにあり、榎本はやむを得ず蝦夷島国家の建設を目指した。

緑を失った徳川家臣団の救済であり、樺太を含めた蝦夷地の防衛であった。

北方四島も含まれていた。

決して悪い話ではなかった。

開陽丸さえあれば、すべては夢ではなかった。夢を実現できなかった罪は大きい。死んで詫びるしかないと、心に深く期すものがあった。

榎本はふと妻のことを思った。

榎本の妻たえは、オランダ留学生として苦楽を共にした洋医林研海《けんかい》の妹だった。

「釜次郎、オレの妹をもらえ」

研海の勧めで帰国後、あわただしく結婚した。新婚生活もごく僅か、榎本は大半を海の上で暮らしており、たえにはいつもすまないと思っていた。

「オイ、釜次郎。まさか妹を残して死ぬ気じゃないだろうな」

研海の声が聞こえるような気がした。しかし、自分だけ生き残ることはできない。

榎本は、脇差を抜いた。

燭台の光のなかに、脇差がギラリと光った。

軍服のチョッキを開き、脇差を突き立てようとした時、背後に人の気配を感じた。

「総裁！」

秘書役の大塚霍之丞《おおつかかくのじょう》だった。

大塚は、飛び込んで脇差を押さえた。

「総裁、早まってはなりません。何千というわが将兵はどうなるのですか」

その一言で、榎本の体から急に力が抜けた。

「大塚、すまなかった」

榎本は、大塚の指から鮮血が流れているのに気づき、あわてて手ぬぐいを探した。

「いかがされましたか」

松平太郎、大鳥圭介ら榎本軍首脳が駆け込んで来た。

「総裁、水くさい。死ぬときは一緒です」

「すまん、すまなかった」

榎本の眼は虚ろだった。

「総裁、死ねば残された兵士が路頭に迷うことになります。この際、われわれは降伏し、兵士たちの助命を嘆願することが肝要かと」

荒井郁之助が降伏を主張した。

「うむ」

榎本は、うなずいた。

五月十八日。

榎本軍は降伏した。

悲壮惨憺

庁舎前の広場に、全将兵を集めた榎本は、声涙共に下る演説をした。

「諸君たちは、わが輩を見捨てず、今日まで命を懸けて協力してくれた。兵糧、弾薬尽きて敵の軍門に降るが、帝の心は広く、諸君は必ずや晴天白日を仰ぐ日があること確信する。ありがとう、ありがとう」

榎本の挨拶が終わるや、一千の将兵からすすり泣きの声が漏れた。

実に悲壮惨憺、昔、平家が没落のときも、かくやとばかり思われるものだった。
榎本は松平、大鳥、荒井を従えて五稜郭を出て、新政府軍の本陣に投降した。
榎本が江戸湾を脱走してから九か月、箱館の戦いは終わった。
徳川家臣団が夢見た蝦夷共和国の建設も、はかなく消え去った。

獄中生活二年半

大鳥圭介の『南柯紀行』によると、翌十九日には弁天台場で降伏した永井尚志、松岡磐吉、相馬主計らの七人が戦犯とされ、青森に渡り、弘前から縄を張った駕籠に乗せられ、四十日を費やして六月三十日に江戸城大手門前の辰ノ口にある兵部省軍務局糾問所《きゅうもんじょ》に送られた。

糾問所は、先年まで大手前歩兵屯所といい、荒井郁之助と大鳥が毎日出勤していたところだった。

ここに送られるや、まず、榎本をはじめ先の四名が並んで、砂利の上の莫蓙に正座して取調べの役人に対面し、揚屋に入ることを申し渡された。

腰に細縄を付けて白洲を下がり、監獄生活は実に二年半にも及んだ。

牢内の日々は、蚤と蚊に悩まされ、三度の食事は竹の皮に包んだ握り飯と沢庵一切れだった。風呂は十数日に一度という有様で、体は垢だらけ、夏は悪臭を放った。

牢は丸太の二重格子の四畳半に七人も詰め込まれ、夜はいびきとうわごとで、満足に寝むれない状況だった。

収容者は日々出入りがあり、しばらくすると、歩兵の職にあったものなどは、各藩へ預けられて出獄した。

元フランス軍人のコラシュも入牢していたが、ごくわずかの期間で、出牢していった。

取調べが進むと、榎本ら七人は、それぞれ七棟の牢に分けられた。

木戸は極刑論

長州の最高指導者、木戸孝允は、

「不忠の臣を懲らし、国家の大典を挙げ、もって天下後世をして賞罰の当を知らしむるべし」

と榎本らに死罪を求めて一歩も引かなかった。土方が存命であれば、どうだったろうか。

木戸は会津藩に対しても過酷な処分を求め全員に流罪を科し、下北半島に追いやった。

武士道にかける男、それが木戸だった。

それに反対し、榎本らを必死にかばったのは薩摩の黒田だった。

木戸は器の小さな人物で、この男には、ともに新しい日本を築こうという度量は全くなかった。

長州人の心の狭さ、これが今日にいたるまで、会津人が長州との和解を拒絶する根本原因になっていた。

徳富蘇峰も、これにふれ、

「薩人は敵と戦う時にも他日、その敵と握手する場合を決して忘却しない。維新回天の事業が、比較的多くの血を流さずして成就したることも、この融通性が与《あずか》って大である」（『近世日本国民史』）

と述べた。

金次第

一方で、世の常は金次第だった。牢番にたのめば、厳禁の飲酒も薬の名のもとに焼酎を求めることができ、世間の食卓にあるものものは何でも口にすることができた。

大鳥の日記には、

「三月二十九日、荒井方から牛肉と衣服の差し入れがあった。

四月十九日、荒井方から洗濯物と重の内との差し入れがあった。

四月二十九日、荒井方から衣服、食物並びにフランス兵書の差し入れがあった」

といった記述があった。

荒井の家からは、半月に一度の割で差し入れがあり、中秋を迎えた九月十三日には、

「新聞紙を求む、荒井君より観月の団子贈らる」

とあり、荒井家の家族の情愛の細やかなところが見てとれた。

箱館の戦争では、榎本軍およそ三千五百の中七百九十六名が戦死した。その中で彰義隊から加わった者も六十人ほどいた。

官兵の戦死者は直ちに護国神社などに祀られたが、榎本軍の死屍はいつまでも打ち捨てられてあった。

凄惨見るに忍びないと、新門辰五郎の子分で柳川熊吉が、官軍の目を盗んで夜陰に乗じてはこれを箱館山の中腹に運んで窃かに埋めた。

いま碧血碑の建つところである。

黒田清隆の坊主頭

榎本らに救いの手を差し伸べ続けたのは、黒田清隆だった。

男が男に惚れるという言葉があるが、黒田は箱館戦争の最中から榎本を褒めまくっていた。

新政府軍は江差の乙部に上陸してみたものの、土方らが頑強に抵抗、山田顕義参謀からしきりに増援の要請が来る。

そこで黒田が二千の兵を率いて江差に向かったが、土方が守る二又峠は最後まで抜けなかった。

「あの男は強かった。一緒に酒を酌み交わしたかった」

土方のことも生涯、褒め続けた。

「天朝に逆らった罪は重いが、榎本らの奮戦は感服の至り」

というのが、黒田の考えだった。

特に敵味方の別なく傷病兵を収容した箱館病院には深い感銘を受け、会津の諏訪常吉に多額の見舞金を送ったのだった。

黒田は頭を坊主に丸め、数珠を首かけ、榎本を殺したなら仏門に入ると助命嘆願した。

薩摩の西郷や、勝海舟、福沢諭吉も榎本の弁護に当たった。

榎本、大鳥、荒井らの欧米科学技術の修得に対する熱意は旺盛で、オランダ人バウム・ウエル氏の化学の本を原書で読んだりした。

榎本は獄中での文筆にも没頭し、石鹸、西洋ローソクの製法、メッキ法、硫酸の製法などオランダの工業技術について多くのことを書き残した。

二年半に及んだ獄中生活は明治五年一月終わりを遂げたが、蟠竜丸艦長の松岡磐吉は、出獄を前に病死、娑婆の風に当たることはできなかった。

新政府に登用

榎本、松平、大鳥、荒井らは開拓使に登用された。黒田は開拓次官に就任、ともに北海道開拓に当たった。黒田はのちに総理大臣となり、榎本は、海軍卿、逓信、農商務、文部、外務大臣を歴任した。

大鳥も新政府に出仕、欧米出張を命ぜられ、帰国して工部大学校校長、学習院長、清国行使、朝鮮公使などを歴任した。

若き日、幕府の軍艦操練所で、天文学、数学、物理、化学などを学んだ荒井は開拓使から東京気象学会会長、中央気象台長などを務めた。

荒井には荒天で沈んだ開陽丸のことがいつも脳裏にあった。

明治六年、戸籍制度ができたとき、

「敗軍の将、兵を語らず」

といって平民と届け出た。

賛否両論があるようだが、これらの人々を生かした黒田清隆も立派な人物だった。

榎本がいつも思うのは土方だった。土方も生きていれば、必ず明治の社会で活躍できたのにと、残念でならなかった。

土方の写真

土方が箱館で市村鉄之助に手渡した写真はどうなったであろうか。

鉄之助は四月に東京に着き、日野の佐藤家を訪ねたのは七月だった。

佐藤家の『聞きがき新選組』に、大要こうあった。

ある日夕暮、乞食小僧一人、古手拭を冠り酒筵を身に纏い、古衣の破れたるを着し、我家の軒に立ちて家内の様子窺うあり。

これ間者の類ならんと見て押出し、不礼の者なりと叱り付たるに中々退去せず。果は台所へ入来り御家の人に逢いたしと、懐中を探り古胴より写真と小切紙を差出す。

下女取次ぐ。此時へ、誰より先に一眼見てアット驚き、父君と共に出来り、其乞食を中庭に廻し委細は後にて聞取へし、幸ひ風呂あり入浴せよと命し、母は予の替着を出し帯を与へ、而して部屋八畳に伴い、四方を閉し、父母共に尋問す。

この写真は土方なり。此小切紙ハ義豊の真筆なり。御身ハ如何なる者そと。

小僧、涙を浮へて云けるは、私は土方大将の小間使市村鉄之助なり。去る五月五日、大将我等を五稜郭内ある一室に伴い、汝に大事を命すべし。余の事ならず、是より江戸の西の方日野宿佐藤彦五郎へ行け。是迄の戦況委敷申伝へよ。

今日函館ニ泊りたる外国汽船二、三日内に横浜行あるを聞込たり。是より船長に依頼して（船賃の外船長へ若干金を送り）、唯今手続を為したり。此写真、書付肌身に付よ。金は二分金にて三百両渡す。

直に日幕二近ければ時刻よしと命せられたり。

我等此所にて討死の覚悟なり、余人に御依頼あるへしと云と、大将大に怒り、余の言に従はされば目前　討果すと、腰の一刀引抜き其向こ振上け、其権幕恐ろしく此首落んとす。

（中略）

大将は海岸一本松に於て戦死せりと聞。

と語ったのだった。

こうして土方の写真は無事、日野に届けられたのだった。

土方の同志たち

土方と最後まで一緒だった島田魁は、戦後、名古屋藩に預けられ、新政府への出仕の話もあったが、一切断り、京都で剣術を教え、念仏三昧の日々だった。

あるとき、榎本から会いたいという連絡があった。

「会いたければ先方より出向くのが礼儀」

と断った。

島田は明治三十三年、京都西本願寺で夜警中に亡くなった。

中島登は、戦後、弁天台場で幽閉され「戦友姿絵」を描いた。これは有名な絵姿である。

明治、遠江国の開拓地に入植。そこで剣術を教え、その後、浜松に移住、自警団の顧問を務めた。

ある時、元徳川家の御家人が、

「ちかごろ用心棒をしている新選組あがりの中島という奴がいるが、どのぐらいできるか試してやれ」

と仕込み杖を抜き、背後から斬りかかった。中島は軽くいなし、相手を投げ飛ばした。以来、中島ががぜん注目を集めるようになったという。

晩年は、鉄砲店を開業、明治二十年の新春に、

たかくとも五十の峠をやすやすと
　越ゆれば御代の春ぞのどけき

と一首詠み、三か月後に波乱の生涯を閉じた。享年五十だった。

相馬主計は、榎本らとともに東京に移される。

明治三年二月、相馬は坂本龍馬暗殺の嫌疑で兵部省から刑部省に送られ、新島《にいじま》へ流刑との判決が下った。

相馬は、植村家の隠居所を借りて住み、やがて植村家の二女マツと結婚して村民に読み書きを教えた。

刀の代わりに扇子を腰に差し、姿勢を崩すことはなかった。

明治五年正月、元徳島藩士・海部六郎の熱望により彼と立ち合い、みごとな剣技を披露した。同年、相馬は流刑を赦免され、マツをともなって東京の浅草蔵前で暮らすようになった。

榎本から鳥取県令に推薦されたが、自分だけ楽な生活はできないと断ったという。

そして、ある日、マツが買い物から帰ってくると、障子は真っ赤に染まり、相馬は切腹してはてていたという。

理由はよくわからない。

謎の死であった。

以上三人の出典は『新撰組全隊士録』である。

永倉新八

悠々自適、自伝を世に送り、北海道で命を全うしたのは永倉新八である。

あの時、永倉も会津若松に駆け付けたが、薩長軍が攻めこんできて城下は大混乱である。

砲声はしだいにちかづき、土蔵や母屋の屋根にバラバラとくだけ散る。

城門へかかると、

「城内の兵備はもはや十分でござる」

と城に入れそうもない。そこで江戸に戻ることにした。

日光街道は危ないので、町人姿になって越後路を迂回した。馬具商人に化け、関所をくぐりぬけ、さらに百姓姿で江戸にたどりついた。

さてどうしようと考えた。

父が松前藩士だったので、松前藩の江戸屋敷に出向くと、

「剣術を教えてくれ」

といわれたので、松前に戻り、杉村家の養子に入り、剣術のほかにフランス伝習隊の調練も指導した。

明治以降は剣術師範として活躍、北海道大学剣道部の師範もつとめた。

函館に出たときは土方歳三、伊庭八郎の剣友を碧血碑にとむらい、京阪地方を遊歴したときは、かならず新選組時代に京都でもうけた娘の磯子にあって親子の対面もした。

磯子はそのころ女優となって尾上小亀と名のっていた。

晩年、小樽新聞に『新撰組顚末記』を口述で連載、近藤、土方、沖田らの活躍を世に伝えた。

「死生のあいだをくぐること百余回、おもえば生存するのがふしぎなくらいの身を、大正の聖代まで生きのびて往年の敵も味方もおなじ仏壇に朝な夕なのとむらいの鐘の音をたたぬ」

という言葉で、永倉の回想録は終わっている。

松本良順にも触れておきたい。

土方は仙台で良順と別れた。

その時、土方はこういったと良順は伝えている。

元来今日の挙は、三百年来士を養うの幕府、一蹶《いっけつ》倒れんとするに当たり、一人のこれを腕力に訴え死する者なきを恥ずればなり。到底勝算の必ず期すべきあるにあらず。依って謂《おも》うに、君は前途有用の人なり。宜しく断然ここより去って江戸に帰らるべし。もし不幸にして縛に就くも、西軍の将士みな君を知れり。何ぞ危害を加うることあらんや。ただ我儕《わがはい》の如き無能者は快戦国家に殉ぜんのみ。

土方は、榎本軍の行く末を見通していた。

自分は死に場所を求めて蝦夷地に渡る。そうした心境を良順に伝えていたのである。

良順は土方の予言どおり、明治六年陸軍初代軍医総監となり、晩年は貴族院議員に勅選され、男爵の爵位も受けた。

土方の死を聞いたとき、良順はしばしば涙ぐみ、

「鋭敏沈勇、百事を為す電の如し」（『松本順自伝』）

と在りし日の土方を語った。

これは最高の賛辞だった。

歴史を動かす力

司馬遼太郎と子母澤寛が、対談したことがあった。司馬は榎本にツキがなかったと語り、子母澤もうなずいた。


司馬　榎本艦隊が、宮古湾を襲撃しますね。あの奇襲というのは、非常に天才的な戦術だと思います。そして運がよければ成功した。やっぱり衰勢の側というのは、何をやっても悪運になりますね。大東亜戦争の日本と同じで、やることなすことが悪運の積み重ねになる。

このときも、やっと回天が入っていった。官軍は諸藩かき集めの軍艦ですから、回天のようないい艦に勝てるはずがない。しかも、錨を下ろして眠っていたので、カマを焚いて大砲に弾を込めるには長い時間がかかる。

その上、重なって碇泊しているので、うっかりすると味方を射つわけで、射角がないわけです。だから、

回天の独壇場なるべきところが、そうならなかったのは、たった一つ薩摩の船で春日艦というのが。

子母澤　東郷さんの船。

司馬　その春日艦の速射砲、速射砲といっても、私はガットリング砲というやつだと思います。これは銃といったほうが早い、機関銃の元祖でございますね。当時日本に三門しかなかったうちの一つが、春日艦にのっていた。この係が青年東郷平八郎で、これだけが射てる角度にあった。

だから東郷さんは、運のいい人だということがわかりますね。回天にのっていた連中は、悪運の積み重なりで駄目になってしまう。

子母澤　官軍なんか、回天が入ってくるのをみんな、ただぼんやりと見ておったそうだからね。そういう奇襲をしたやつが、何の効果もあげていないのだから。

軍艦と軍艦の距離が違っていて、敵艦に斬り込むときに、幅があいていて、落っこって溺死する。何人か溺死していますね。

開陽丸をふくめて勝利の女神が輝かなかったことは確かだった。

清風の男

司馬が亡くなって十年後に週刊朝日編集部は「土方歳三血風録」を特集した。

「司馬さんは組織としての新選組に注目し、オルガナイザーの土方歳三にスポットを当てた。多摩、京都、函館などに歳三のいまを訪ねた」

とし、編集者が各地の足跡を追った。

私が注目したのは、新選組の故郷、多摩にある土方歳三記念館に榎本の書があったことだった。

そこには、

「入室但清《しょ》風　梁川《りょうせん》」

とあった。

土方が部屋に入ると清らかな風が吹く、という榎本の書である。

梁川は榎本の雅号。ここに榎本の土方観が、鮮やかに表れていた。

小樽商科大学長を務めた加茂儀一は、優れた榎本の研究者である。

『榎本武揚小伝』で、

「新選組の副長であった土方は冷たいほど剛腹な人間で容易に他人の言うことなど利かなかった人物であるが、彼は死を覚悟していたらこそ自我を張ることなく、ただ一途に戦って死処をみいだそうとしたのである」

と土方を語った。

間違いなく、これが土方の実像だった。

箱館戦争ルポ

十年ほど前のことである。

私は函館から木古内、江差、二股峠、矢不来の戦場を訪ね歩いたことがあった。

その中で、もっとも深い感慨にとらわれたのは江差だった。

ここには開陽丸青少年センターがあり、江差の海から引きあげられた軍艦開陽丸の遺物が数多く展示されていた。

開陽丸の発掘調査が本格的に始まったのは昭和五十年からだった。江差新港の東防波堤の工事に伴って行われたもので、数人のダイバーが入り、南北に走る凹地に開陽丸が沈んでいることを確認した。

調査は文化庁や北海道、江差町などの手によって昭和五十六年までの六か年に及び、実に三万三千点もの遺物が引きあげられた。

目を奪ったのはさまざまの砲弾だった。大砲弾は滑腔弾、施条弾で、このなかには榴弾、焼夷弾、榴撒弾などが山のようにあった。最新式のスペンサー銃、ウインチェスター銃、スナイドル銃、コルト拳銃もあった。

開陽丸はドイツ・クルップ社製の十六サンチ施条砲三十門を積んでいた。最大射程距離三千九百八十メートルもあった。

陸戦用の大砲も八門積んでいた。

引き揚げ作業で姿を現した砲弾は三千百四発、発掘調査員はその驚くべき砲弾の数に仰天した。

これを発射すれば、甲鉄であろうが、春日であろうが、向かうところ敵なしであった。

勝利の暁に乾杯するビール五十本入り十五箱、ボルドーワイン五十本入り十八箱、その他シャンペン、コニャックも手付かずにあった。

開陽丸はこれらを使うことなく、江差の海に沈んでしまったのだ。

この軍艦は芸術品でもあった。

ネズミや蛇、ライオンなどの装飾品、フォーク、スプーンなどの生活雑貨、磁器、染め付けの皿など艦内は文化、芸術の宝庫でもあった。

「あああ」

榎本と土方の無念を思い、私は何度も溜め息をついた。

このとき、開陽丸青少年センターの初代館長を務めた開陽丸研究家の石橋藤雄さんに調査のあらましを聞いたが、弾丸は火薬を抜いて開陽丸青少年センターに所狭しと展示されており、私はそれを見たとき、土方の無念を痛いほど知ったのだった。

「榎本の夢を追う多くの人が結集し、水中発掘という大事業をなしとげ、開陽丸を青少年研修施設として復元させたのです。この船は軍艦というよりは文化そのものでした。もし、この船が残っていたらと何度思ったことか」

石橋さんはそういって、いとおしむかのように復元した開陽丸の艦内を案内してくれた。船といっても、これはコンクリート製の固定した施設である。だが、甲板にあがるとまるで開陽丸が生きているように思えるのは不思議だった。

当時の所長飯田富洋さんは、車で江差の各地を案内してくださった。江差における榎本の宿屋は「能登屋」といった。地元では「のどや」と呼んでいる。土方もそこに泊まった。二人は本陣をおいた順正寺によく出かけ、そこからは断末魔にあえぐ開陽を見つめた。松の木があり、その下で、二人は絶句して涙を流した。

その松の木に私も立った。

「榎本の本当の夢は開拓だったと思います。開陽があれば実現したかもしれません」

私がつぶやくと、

「同感ですね」

と飯田さんがいった。

私は眼下の江差港を見つめながら感慨無量だった。

土方が戦った二股峠の取材も忘れがたいものになった。

峠には熊が出ると聞いたので、私は北斗市の教育課に事情を説明し、協力をお願いした。

「分かりました」

と生涯学習グループの八木橋直弘主幹が対応してくださり、私は江差からバスで北斗市の旧大野村に向かった。

バス停に木下さんが待っており、北斗市郷土資料館でまず打ち合わせ、大野文化財保護研究会の木下寿実夫さんや上磯地方史研究会の落合治彦さんや生涯学習グループの職員熊谷航さんも加わり、

「それでは」

と四人で二股峠に登った。

木下さんの服装は万全だった。アノラックを着て長ぐつをはき、腰にはナタと大きな鈴を下げ、首から笛を吊るした。

「念には念を入れないと」

と木下さんはいった。

ヤブをかきわけ峠に登った。

木下さんはときおり、笛を吹き熊に警告を発した。これなら、熊のほうが逃げ出すに違いなかった。

「あるとき、見慣れない車が峠の入り口にあった。誰だろうと登ってみたら、東京から来たという若い女性が二人、軽装でそこにいた。いやー、びっくりしましたね」

木下さんがいった。

熊に襲われなくて本当によかった。知らぬが仏である。

頂上にはいくつもの塹壕の跡があった。現在は樹木がはえて、下界は見えないが、当時はよく見通しがきき格好の陣地のようであった。

土方はここで見事な戦いぶりを見せ、敵を翻弄した。

このあと、私は矢不来に出かけた。

今度は落合さんの担当である。落合さんは上磯地方の文化人で、函館の歴史的風土を守る会の会長も務めていた。

矢不来はすっかりヤブのなかにうずもれ、ここも一人で出かけたのでは判断が難しかった。

「この遺跡もなんとか保存したい」

落合さんは熱っぽく語った。

函館では、五稜郭の新しいタワーにも上り、函館の風景に見入り、さまざまの成果を得た取材旅行だった。

仙台藩額兵隊が戦った木古内の古戦場は、木古内町教育委員会文化財担当の木元豊さんに案内してもらった。

町の中央にそびえる薬師山が箱館戦争の舞台となった。

仙台額兵隊のラッパ手金次は、この古戦場のどの辺りを戦ったのか。

私は金次のおもかげを求めて、この辺りに見入った。

ここは咸臨丸が座礁沈没した場所としても知られ、そこには看板が立てられ、咸臨丸のシンポジウムも開かれたということだった。

函館では箱館戦争研究の第一人者、函館市史編纂室の紺野哲也さんと懇談した。北大で国史を学んだ紺野さんは、各種資料に精通した方である。

後で何種類か史料を送っていただいた。

このあと私は五稜郭に向かい、大砲と一緒に記念写真に収まった。

北海道は、歴史の分野からいうとまだまだ未知なことが多い。北方四島のこと、サハリンのこと、アイヌの歴史など数多くある。

その後のことだが、日大大学院の同窓生落合仁子さんが函館にいて落合さんの企画で、同窓生何人かで函館を旅したことがあった。戊辰戦争研究会や、日大大学院の仲間ともう一度、北海道を訪ねたいと思っている。

おわりに

この本を書き終えて、きわめて残念に思うことは、当時の明治政府首脳には、北海道の将来を見通せる人物がいなかったことである。

榎本の要求は、蝦夷地の開拓だった。

土方もこの地に未来を賭けんと、海を渡った。

「いいじゃないか。当分、やらしておけ、いずれいっしょになるさ。頭を下げてくるよ」

という人物が明治新政府には不在だった。

西郷が全権を握っていれば、あるいはとも思うが、何でも反対の長州藩が存在する以上、無理だった。

明治という国家は、蝦夷地を無視したといってよかった。黒田清隆が一人頑張り、

「ボーイズ・ビー・アンビシャス（少年よ大志を抱け）」

のクラーク博士を招いたが、薩長主導の明治国家の目は、朝鮮半島や中国にそそがれ、満州国の建設や日韓併合など他国の侵略に奔走した。

その結果、満州楽土という偽りの国家建設に多くの国民が巻き込まれた。

そこから何が生まれたか。

中国、韓国から侵略国家と非難され、その延長線上で太平洋戦争が起こり、日本は破滅の道を歩むことになった。満州ではなく、北海道の開拓こそ日本がやるべきことだった。

ある期間、榎本と土方に北海道を任せれば、榎本は、ロシアや中国との理解のもとに、樺太、千島列島を包括した一大文化圏を作り上げたに違いなかった。

地下資源、水産資源、観光資源、膨大なものがあったはずである。

残念無念というほかはない。

ところで、『新選組を探る』のあさくらゆうさんは、新選組の関連書について、

「過去の本を単に組み替えやリライトした程度に過ぎず、研究という観点において地平を拓くことはおろか、古文書を読めるフリなどという暴挙にまで発展した」

と厳しい指摘をされていた。

既存の文献だけに頼ると、文章が同一化してしまうのは、避けられないが、新資料が最近、発掘され、話題になった。

今年七月十九日の新聞各紙に、「幕末蛤御門の変、新選組、豪農宅に宿陣」という見出しで、京都南の玄関口だった東九条口の三軒の豪農宅に新選組が宿陣、村の近くまで逃げてきた長州の残党と鉄砲で戦い勝利したという日記の発見だった。

私が見た福島民友新聞の記事によると、発見者は京都女子大の中村武生非常勤講師（幕末政治史）で、

「従来は長州勢の北進を食い止めるため、竹田街道と鴨川が交わる「九条河原」に約一カ月間野営したと考えられていたが、村を拠点に交代制で警護していた。禁門の変は京都中心部での戦争と思われがち。新選組の京都南部における開戦前の行動や戦闘の様子が初めて分かった」

と語っていた。

会津兵も宿陣していたようで、甲冑を着て出陣し、長州勢と大砲を打ち合ったこともあった。

こうした日記は、ほかにも十分あり得るわけで、再点検が大事ではないかと思う。

明治維新百五十年を機会に、榎本と土方の北海道開拓のビジョンを見直してほしい。私はそう叫びたい。

今回もさくら舎の代表古屋信吾さん、デスクの戸塚健二さんほかの皆さんに、大変お世話になった。深く感謝申しあげたい。

平成二十九年初秋

星亮一

著者略歴

一九三五年、宮城県仙台市に生まれる。一関第一高校、東北大学文学部国史学科卒、日大大学院総合社会情報研究科修了。歴史作家。

著書には『伊達政宗　秀吉・家康が一番恐れた男』『京都大戦争』『呪われた明治維新』（以上、さくら舎）、『偽りの明治維新』（だいわ文庫）、『奥羽越列藩同盟』『幕末の会津藩』『会津落城』（以上、中公新書）、『戊辰戦争　あくなき薩長の謀略』（文芸社文庫）、『偽りの幕末動乱』（潮書房光人社）、『明治維新というクーデター』（イースト・プレス）などがある。

『奥羽越列藩同盟』で福島民報出版文化賞、会津藩と新選組の研究とテレビ出演でＮＨＫ東北ふるさと賞受賞。

星亮一オフィシャルサイト
http://www.mh-c.co.jp/

明治維新《めいじいしん》　血《ち》の最前戦《さいぜんせん》
——土方歳三《ひじかたとしぞう》　長州《ちょうしゅう》と最後《さいご》まで戦《たたか》った男《おとこ》

二〇一七年一一月九日　第一刷発行

著者　星《ほし》　亮一《りょういち》
発行者　古屋信吾
発行所　株式会社さくら舎　http://www.sakurasha.com
東京都千代田区富士見一-二-一一　〒一〇二-〇〇七一
電話　営業　〇三-五二一一-六五三三　ＦＡＸ　〇三-五二一一-六四八一
編集　〇三-五二一一-六四八〇
振替　〇〇一九〇-八-四〇二〇六〇
装画　五島　聡
装丁　長久雅行
印刷・製本　中央精版印刷株式会社

ISBN978-4-86581-127-8